누구나
쉽고 재미있게

사고력 수학

노크

C6
(10~11세)

규칙

이 책을 보시는 부모님들께

머리가 좋아야 수학을 잘 한다는 말이 있습니다. 또, 수학을 잘 못하는 아이는 아빠, 엄마의 머리를 물려받아서 그렇다는 등의 난데없는 유전자 논쟁이 벌어지기도 합니다. 하지만 많은 사람들의 일반적인 생각과는 달리 이는 근거없는 이야기입니다. 외국의 한 연구 기관에서 언어, 사회, 수학, 과학의 네 가지 분야 중 어떤 것이 아동의 선천적 재능에 영향을 받는지 조사한 연구 결과를 발표했는데 일반적인 예상과는 다르게 선천적 재능에 영향을 받는 순서는 사회, 언어, 과학, 수학 순이었습니다. 다시 말해, 수학은 여러 학문 분야 중 선천적인 재능보다는 후천적인 환경이나 교육자, 학습자의 노력에 가장 큰 영향을 받는 학문이라 볼 수 있습니다. 수학의 가장 기본이 되는 '수 영역'의 예를 들어 보겠습니다. 아이들이 수를 처음 접하는 시기의 차이는 있지만 실제 수에 대한 감각과 수를 다루는 연습은 생활 속에서의 체험이나 다양한 활동, 학습 속에서 이루어집니다. 즉, 수학의 가장 기본이 되는 수는 선천적으로 가진 재능과는 거의 연관이 없으며 자라나면서 어떤 환경에 놓이는지, 얼마나 많이 수를 생각할 수 있는 기회가 있는지, 나이에 맞는 올바른 학습을 만날 수 있는지에 좌우됩니다. 그러므로 아이의 수학적 발달에 문제가 있다면, 그 아이가 누구를 닮아서 그런지, 지능이 떨어지는지를 따질 것이 아니라 수학적 힘을 기를 수 있는 학습 환경을 어떻게 만들어줄 것인가를 고민해야 합니다.

국제영재교육연구소의 랜즐리 소장은 영재의 기준을 마련하기 위해 여러 연구를 시행한 결과, 영재의 공통적인 특징들을 발견하였습니다. 첫째는 115 이상의 지능지수(IQ), 둘째는 창의력(Creativity), 셋째는 동기적 요소라고 부르는 끈질긴 근성과 과제집착력이었습니다. 이들 세 가지 요소 역시 선천적으로 타고 나는 부분도 물론 있겠지만 대부분 후천적인 학습이나 교육 활동을 통해 기를 수 있는 능력이라는 데에 이의를 제기하기는 힘듭니다.

이처럼 수학적 능력은 후천적 학습 환경에 주로 좌우되며, 특히 어린 시절에는 그러한 경향이 더더욱 두드러집니다. 하지만 우리의 아이들을 둘러싼 수학적 환경을 다시 한 번 돌아봅시다. 초등학교를 들어가기 전부터 과도한 학습량과 무의미한 반복 활동, 이후의 수학 학습에 오히려 방해가 될 정도로 무리한 선행 학습 등의 환경은 아이의 수학적 힘을 길러주기보다는 수학에서 가장 중요한 창의적 사고력을 기를 수 있는 기회를 박탈함과 동시에 수학에 대한 흥미를 급속하게 떨어뜨리게 하여 수학으로 문제를 해결하려는 의지, 즉 수학적 동기를 스스로에게 부여하는 것을 불가능하게 만들어 버립니다. 중요한 것은 남들보다 먼저, 그리고 더 많이 수학적 지식을 머리 속에 주입하는 것이 아니라 태어나서부터 누구나 가지고 있는 수학에 대한 관심, 그리고 수학으로 생각하는 힘을 일깨워주는 것입니다.

수학을 잘할 수 있는 힘, 수학적 잠재력은 이미 여러분 아이들의 머릿 속에 줄곧 있어왔습니다. 단지 어떤 아이는 그것을 찾아내어 드러낼 수 있었고, 어떤 아이는 꼭꼭 숨긴 채 평생 드러나지 않을 뿐입니다. 이러한 수학적 잠재력에 대한 참신한 자극 – 생각을 두드리는 '노크'를 제안하려 합니다. '노크'는 수학적 지식과 스킬만을 무리하게 밀어넣지 않습니다. 왜 수학을 해야 하고, 어떻게 수학으로 가능한지 끊임없이 스스로 생각하게하는 계기로서의 활동이 되려 합니다. 일상으로부터 괴리된 학문으로서의 수학이 아닌, 삶을 살아가며 반드시 키워야 할 논리적, 합리적 사고력을 기를 수 있는 누구에게나 가장 중요한 경쟁력으로서의 수학을 주장합니다. '노크'야말로 새로운 수학 학습의 길을 보여주는 방향타가 될 것입니다.

한 현 조

똑!똑! 사고력 수학
노크의 **구성**

시작 : 생각열기

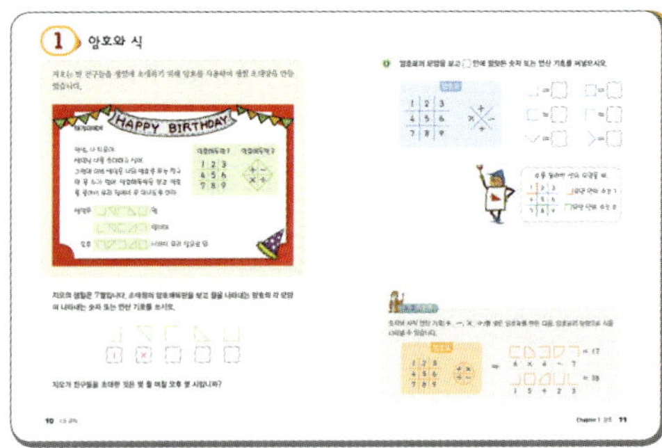

사고력 수학 주제에 맞는 수학적 상황, 수학사, 생활 속 수학 이야기 등의 자유로운 형식으로 흥미를 유발하고, 수학적 사고를 자극하는 주제별 프롤로그

노크 포인트

문제 해결의 핵심적 원리를 '콕!' 집어서 간결하게 요약한 사고력 수학 주제별 포인트

전개 : 유형 탐구

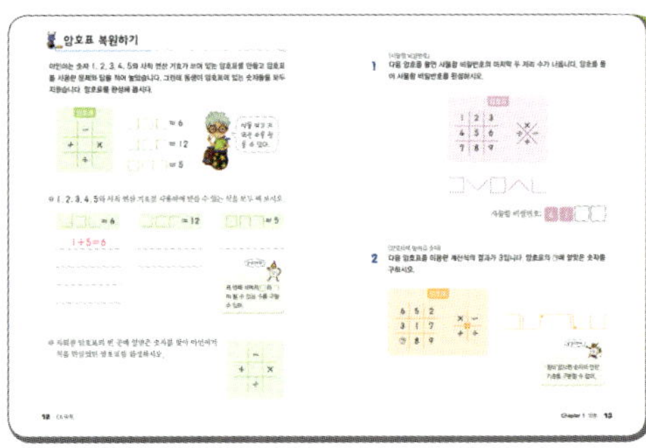

사고력 수학의 대표 유형을 노크만의 새로운 방법으로 차근차근 한 단계씩 익히고 해결하는 단계적 유형 탐구와 이를 통해 익힌 방법적 원리를 적용, 확장하는 확인 문항

수학 요정들의 친절한 충고와 꼬마 요괴들의 밉살스럽지만 유용한 조언으로 어려운 발전 문항의 해결을 돕는 문제 해결 도우미 박스

발전 : 창의적 문제해결력

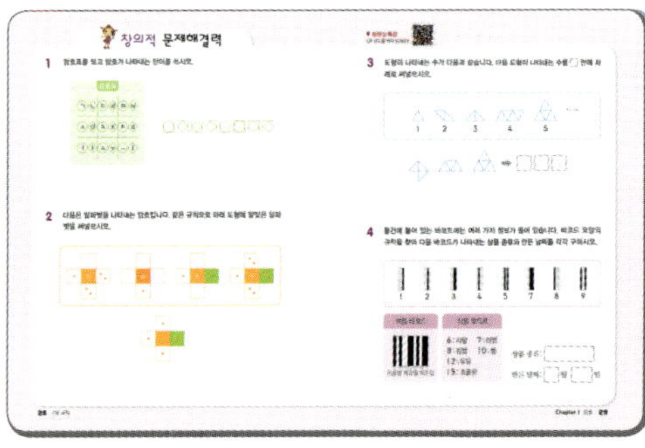

3개의 사고력 수학 주제를 갈무리하는, 한 차원 높은 창의력과 복합적인 사고력을 요구하는 발전 문항의 끝판왕

마무리 : 정답 및 해설

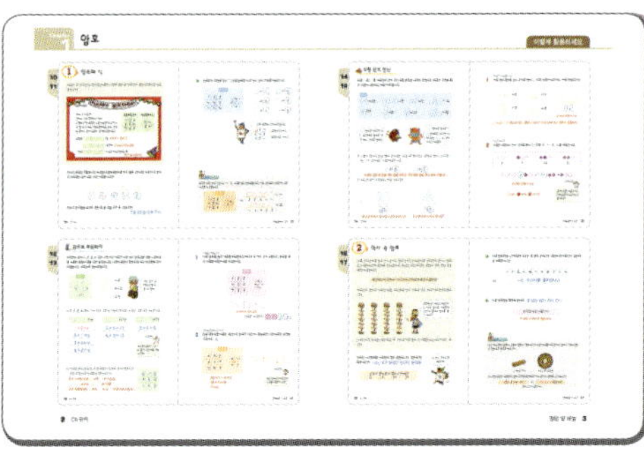

본문에 그대로 첨삭된 정답과 간략한 풀이 과정을 통한 사고력 수학 활동 피드백으로 마무리

캐릭터 소개

지식을 되찾기 위해 노크랜드로 떠난 모험가 친구들

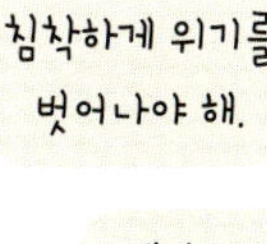

태경
활동파 리더

지오
호기심 공주

초이
조용한 전략가

아인
꼬마 천재

마법사 멀린과 수학 요정

마법사 멀린

노크랜드의 지식의 수호자. 지식을 파괴하려는 대마왕의 음모에 맞서 모험을 떠난 친구들의 든든한 조력자.

아르키메데스   페르마   플라톤

파스칼   피타고라스   가우스

유클리드   오일러

대마왕과 꼬마 요괴

대마왕

노크랜드의 지식의 파괴자. 세계를 차지하기 위해 모든 지식을 없애버리려고 하는 요괴들의 두목.

딴소리   한입   장난

딴짓   멍하니   잠만자

울보   거꾸로

이 책의 **차 례**

Chapter 3 늘어나는 규칙

Chapter 4 약속

암호

지오는 반 친구들을 생일에 초대하기 위해 암호를 사용하여 생일 초대장을 만들었습니다.

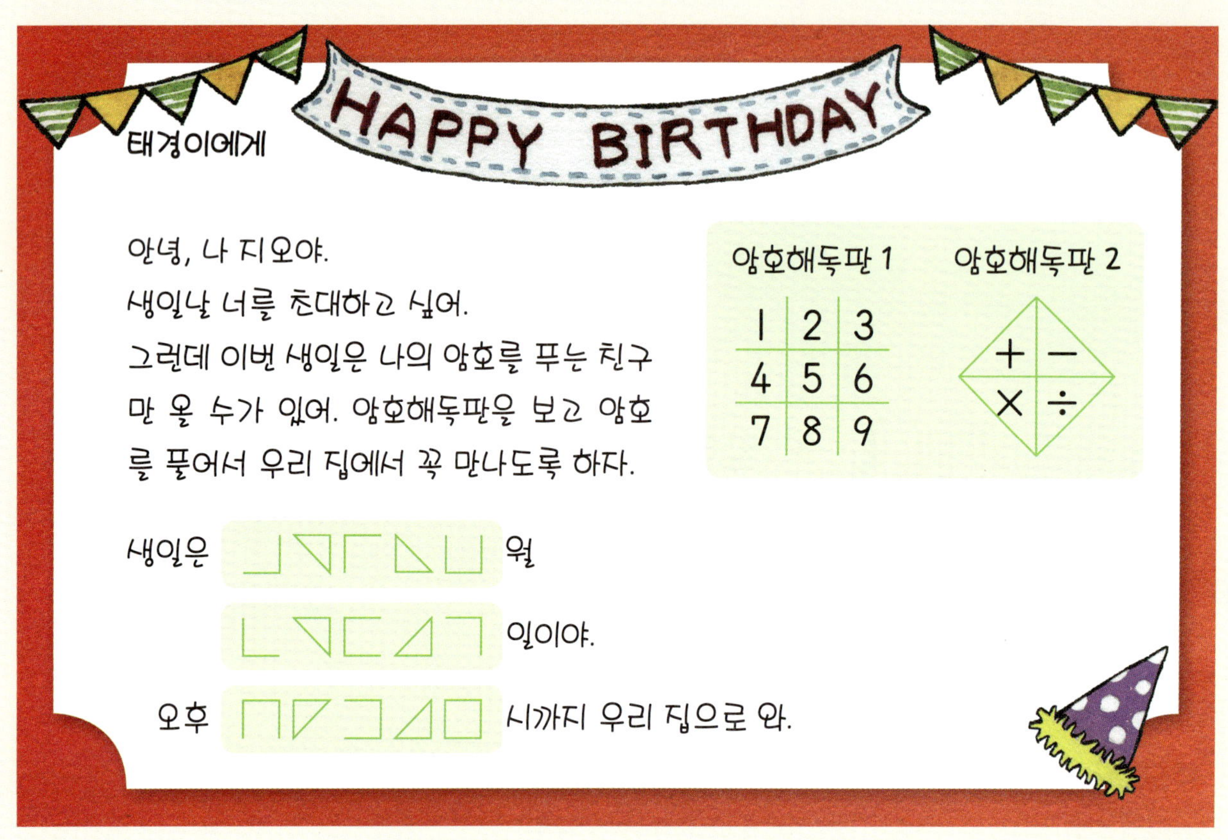

지오의 생일은 7월입니다. 초대장의 암호해독판을 보고 월을 나타내는 암호의 각 모양이 나타내는 숫자 또는 연산 기호를 쓰시오.

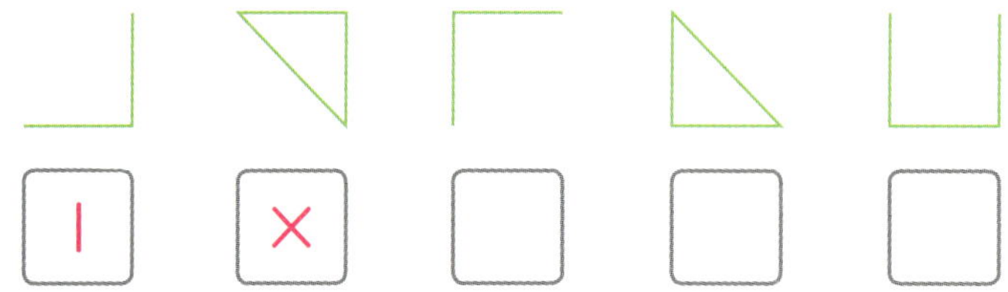

지오가 친구들을 초대한 것은 몇 월 며칠 오후 몇 시입니까?

암호표의 모양을 보고 ☐ 안에 알맞은 숫자 또는 연산 기호를 써넣으시오.

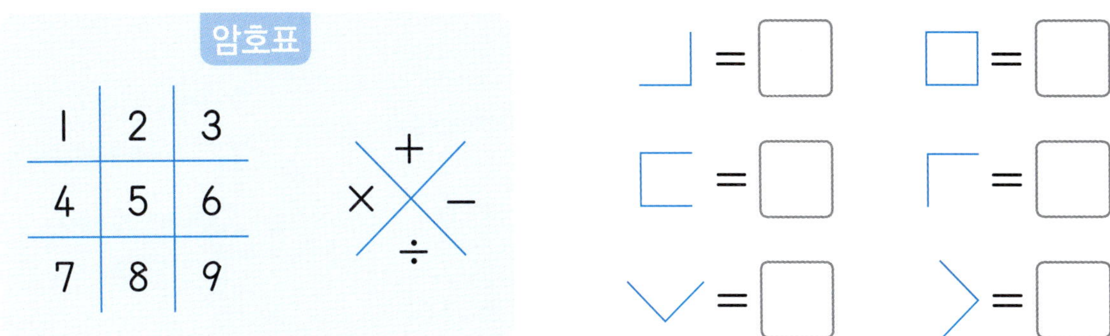

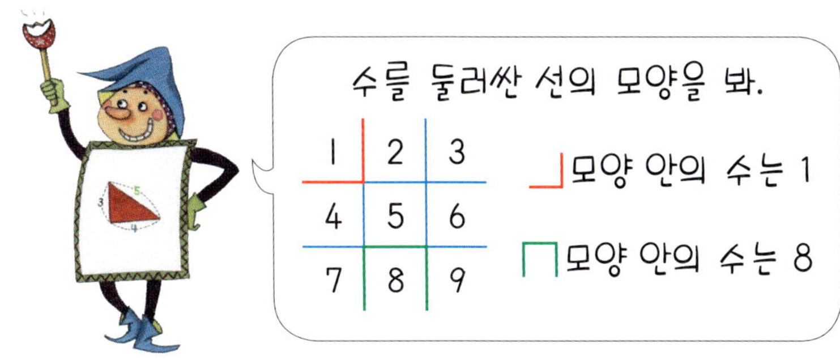

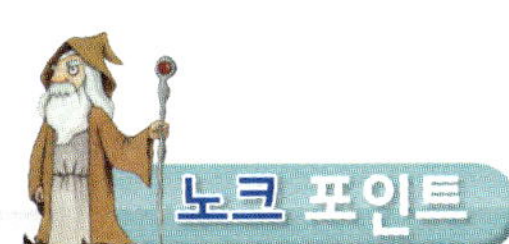

노크 포인트

숫자와 사칙 연산 기호($+$, $-$, $\times$, $\div$)를 넣은 암호표를 만든 다음, 암호표의 모양으로 식을 나타낼 수 있습니다.

$$\ulcorner \sqsupset \urcorner \sqsupset \urcorner = 17$$
$$6 \quad \times \quad 4 \quad - \quad 7$$

$$\llcorner \sqsubset \urcorner \llcorner \sqcup = 38$$
$$1 \quad 5 \quad + \quad 2 \quad 3$$

암호표 복원하기

아인이는 숫자 1, 2, 3, 4, 5와 사칙 연산 기호가 쓰여 있는 암호표를 만들고 암호표를 사용한 문제와 답을 적어 놓았습니다. 그런데 동생이 암호표에 있는 숫자들을 모두 지웠습니다. 암호표를 완성해 봅시다.

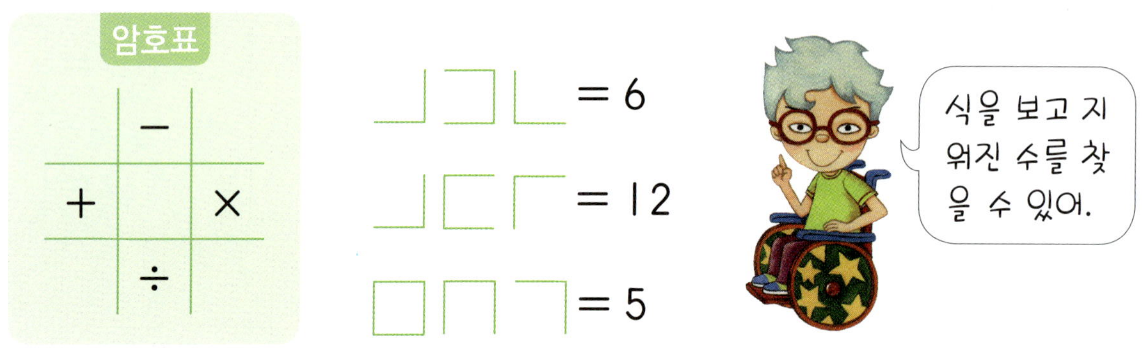

❶ 1, 2, 3, 4, 5와 사칙 연산 기호를 사용하여 만들 수 있는 식을 모두 써 보시오.

❷ 지워진 암호표의 빈 곳에 알맞은 숫자를 찾아 아인이가 처음 만들었던 암호표를 완성하시오.

1 다음 암호를 풀면 사물함 비밀번호의 마지막 두 자리 수가 나옵니다. 암호를 풀어 사물함 비밀번호를 완성하시오.

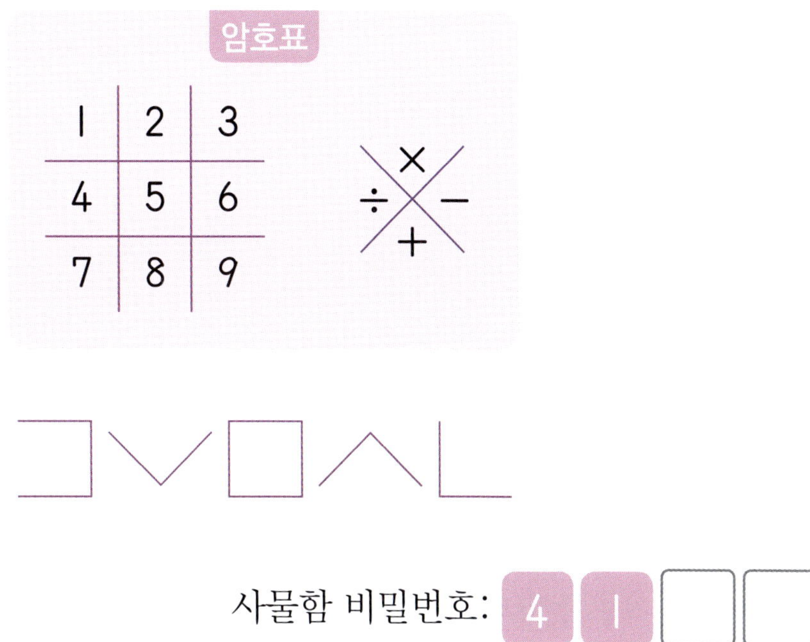

사물함 비밀번호: 4 1 ☐ ☐

2 다음 암호표를 이용한 계산식의 결과가 3입니다. 암호표의 ㉠에 알맞은 숫자를 구하시오.

점이 없으면 숫자와 연산 기호를 구분할 수 없어.

도형 암호 연산

도형 ◇와 ○를 사용하여 여러 가지 수를 암호로 나타낸 것입니다. 암호의 규칙을 찾아 도형이 나타내는 수를 구해 봅시다.

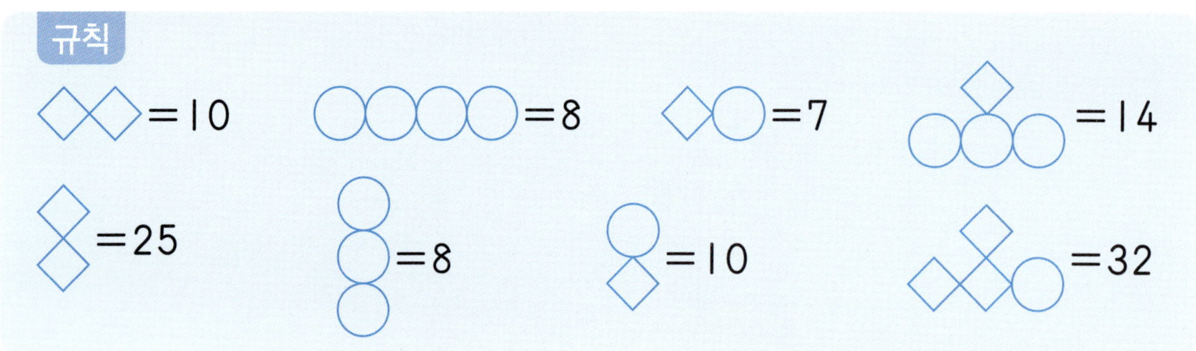

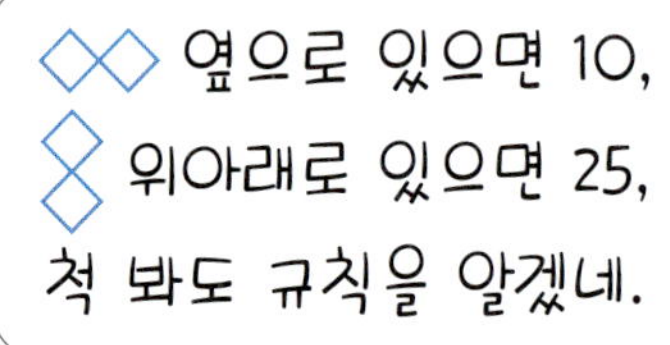

❶ 도형이 옆으로 있을 때와 위아래로 있을 때 계산하는 방법을 찾아 ☐ 안에 ◇와 ○가 나타내는 수를 써넣으시오.

$$◇ = \boxed{} \qquad ○ = \boxed{}$$

❷ 다음 도형이 나타내는 수를 구하시오.

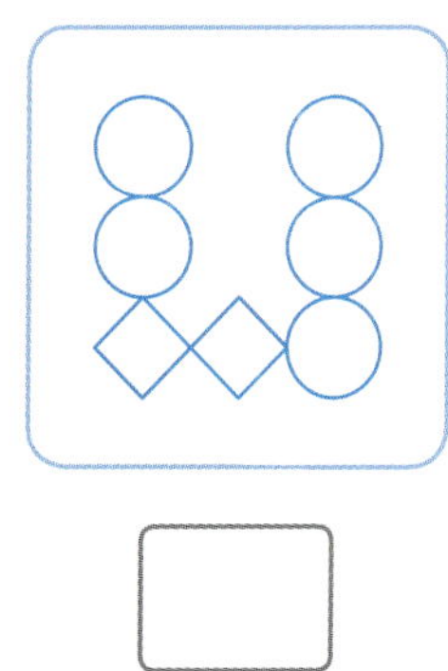

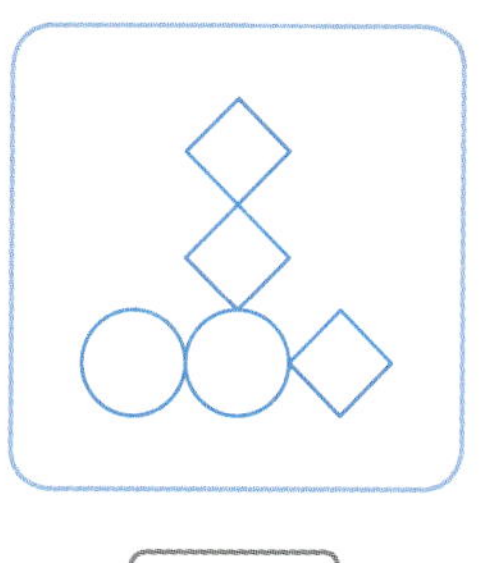

1 다음 계산 결과를 보고 규칙을 찾아 ☐ 안에 도형이 나타내는 수를 써넣으시오.

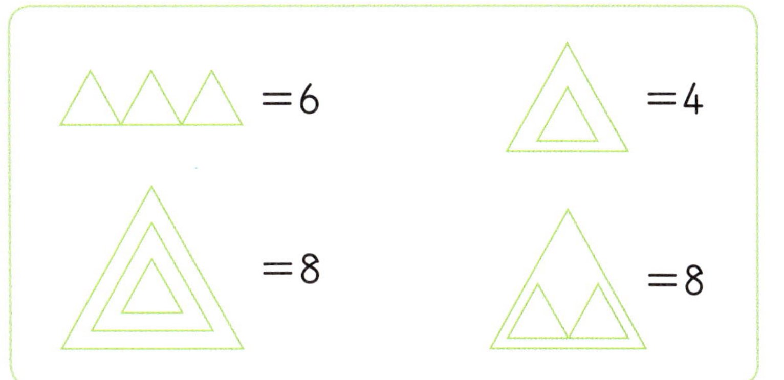

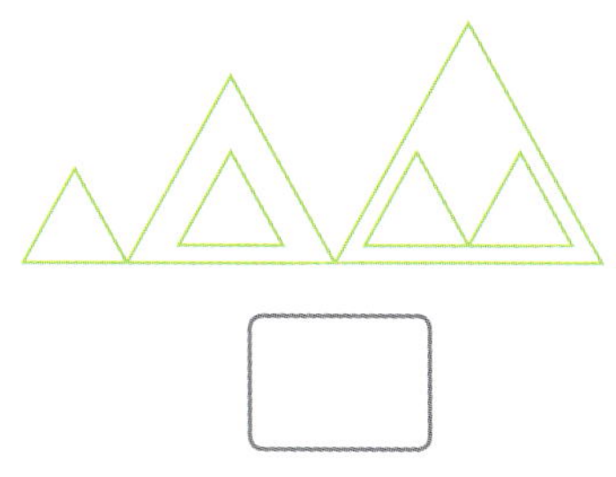

2 도형이 나타내는 수의 규칙을 찾아 ◯ 안에 ＋, －, ✕, ÷을 써넣으시오.

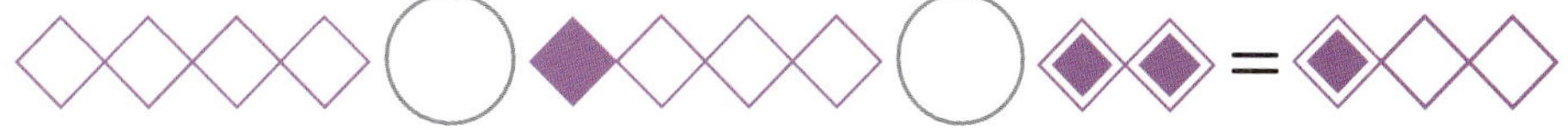

3가지 다른 도형이 있군.
먼저 도형이 나타내는 수
를 찾아봐.

2 역사 속 암호

고대 스파르타의 장군 라이산더는 페르시아가 스파르타를 공격하려 한다는 말을 듣고 페르시아에 첩자를 보냈습니다. 첩자는 다음과 같은 내용이 적힌 띠를 장군에게 보냈습니다.

라이산더 장군은 도착한 띠를 나무봉에 감아 다음과 같은 메시지를 확인하였습니다.

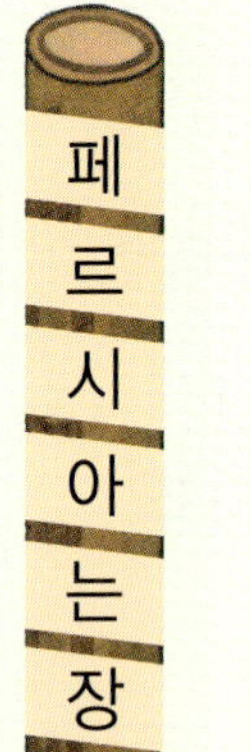
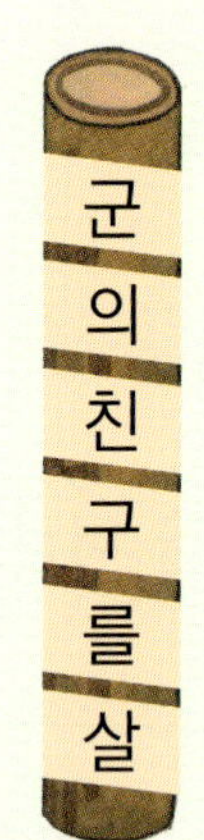

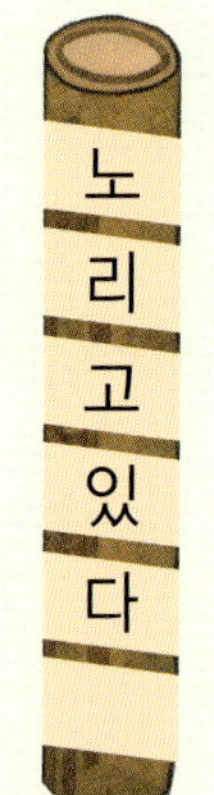

스파르타가 암호를 해독하는 데 사용한 나무봉을 스키테일(scytale)이라고 합니다.

다음은 스키테일을 이용하여 만든 암호입니다. 암호를 해독해 보시오.

 다음 암호문을 스키테일에 감으면 세 글자 간격으로 세로로 표시됩니다. 암호문을 해독해 보시오.

➡ ________________________________

다음 암호문을 해독해 보시오.

발 천 없 리 는 간 말 다 이

역사 속의 전쟁 등에서 사용된 암호는 적에게서 아군의 정보를 보호하거나 감추기 위해 다양한 방법으로 발전해 왔습니다.

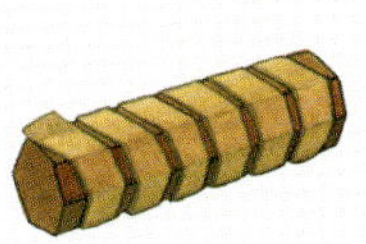

스키테일 막대

카이사르 암호판

스키테일 암호는 암호문의 글자 간격을 알아내면 막대 없이도 해독할 수 있습니다.

천걸리음길부도터한  천리길도한걸음부터

글자 간격이 2인 경우

카이사르 암호

카이사르 암호는 고대 로마의 카이사르가 사용한 것으로 알파벳을 하나씩 다른 기호나 문자로 바꿔서 만든 암호입니다. 카이사르 암호의 규칙을 찾아 암호문을 해독해 보고, 주어진 글을 암호문으로 나타내어 봅시다.

❶ 다음은 카이사르가 사용했던 암호표의 규칙을 나타낸 것입니다. 암호표의 규칙을 찾아 나머지 빈칸을 완성하시오.

카이사르 암호표

암호	D	E	F	G	H							A	B	C
전달 문자	A	B	C	D	E	F	G	H	I	J	K	L	M	
암호												A	B	C
전달 문자	N	O	P	Q	R	S	T	U	V	W	X	Y	Z	

❷ 다음 암호를 카이사르 암호표를 이용하여 해독하시오.

PDWK ➡ [   ]   VFKRRO ➡ [   ]

❸ 다음과 같은 내용을 카이사르 암호로 바꾸려고 합니다. 암호문을 완성하시오.

BE CAREFUL FOR DOG(개를 조심해)

➡ ________________________________

1 카이사르 암호표를 원 모양의 암호판으로 만든 것입니다. 파란색은 암호, 초록색은 전달 문자를 나타낼 때, 다음 암호문을 해독해 보시오.

2 두 개의 카이사르 암호표를 보고 암호로 된 숫자를 한글로 바꾸시오.

E	F	G	H	I	J	K	L	M	N
4	5	6	7	8	9	0	1	2	3

H	I	J	K	L	M	N	E	F	G
ㄱ	ㄴ	ㄷ	ㅂ	ㅊ	ㅎ	ㅏ	ㅜ	ㅡ	ㅣ

14723236   ➡

 # 곱 암호

제 1차 세계대전에서 독일군은 숫자로 된 곱 암호를 만들어 사용하였습니다. 곱 암호의 규칙을 찾아 암호문을 해독하고, 암호문을 만들어 봅시다.

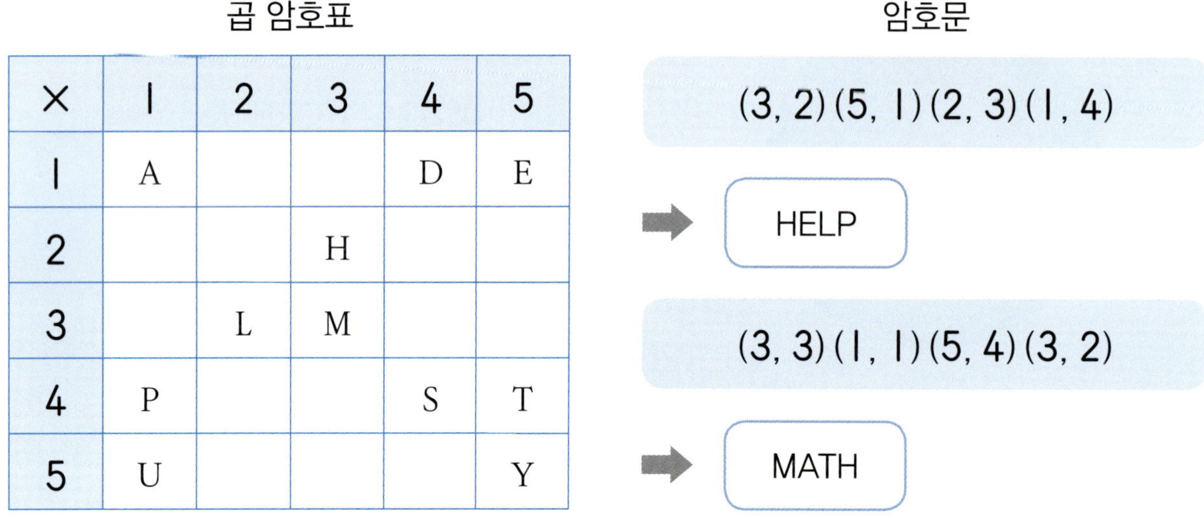

❶ 암호표의 규칙을 찾아 곱 암호표를 완성하시오.

❷ 다음 암호를 곱 암호표를 이용하여 해독하시오.

(2, 3) (5, 3) (2, 5) (5, 1)   (4, 3) (4, 2) (3, 1) (5, 1)

❸ 다음 단어를 암호표를 이용하여 암호문으로 만드시오.

KNOCK

1 암호병이 발견한 적군의 수를 암호로 본부에 보냈습니다. 암호를 해독하여 발견한 적군의 수는 몇 명인지 구하시오.

암호문

곱 암호표

×	●	◆	▲	■
♠	7	8	5	3
♣	3	6	9	2
♥	2	7	0	8
★	0	5	1	6

[약속 시간 암호]

2 태경이는 지오와 서점을 가기로 하였습니다. 태경이는 지오에게 약속 시각을 암호표와 암호문으로 알려주었습니다. 암호문을 해독하시오.

곱 암호표

×	1	2	3	4	5	6
1	ㄱ	ㄴ	ㄷ	ㄹ	ㅁ	ㅂ
2	ㅅ	ㅇ	ㅈ	ㅊ	ㅋ	ㅌ
3	ㅍ	ㅎ	ㅏ	ㅑ	ㅓ	ㅕ
4	ㅗ	ㅛ	ㅜ	ㅠ	ㅡ	ㅣ

암호문

(2, 2) (1, 4) (2, 3) (3, 4)
(3, 1) (3, 4) (1, 2) (6, 4)

창의적 암호 해독

다음은 아인이가 쓴 일기입니다.

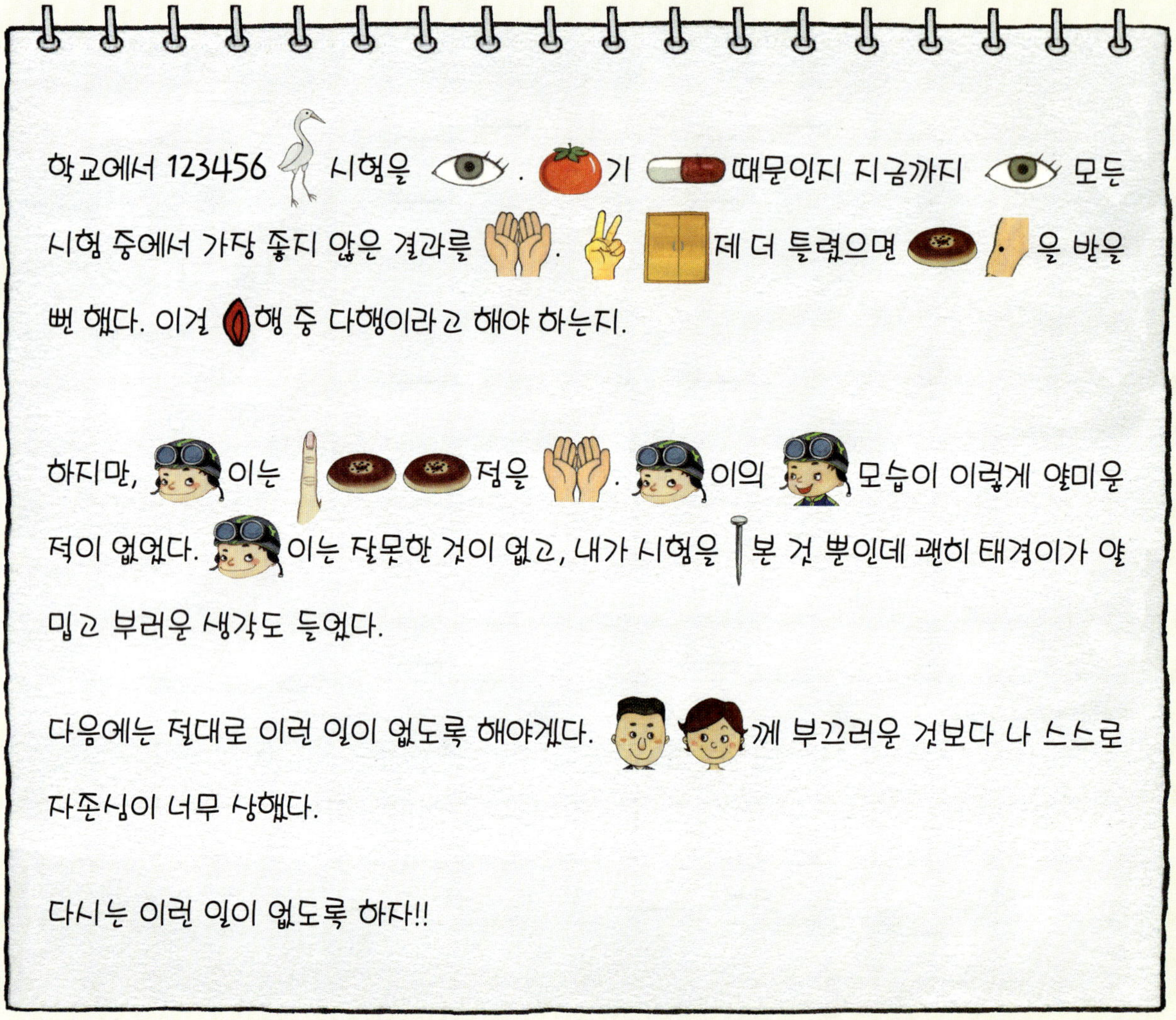

아인이가 학교에서 본 시험은 무슨 과목입니까?

1문제에 10점인 시험에서 태경이는 10문제를 모두 맞았습니다. 아인이의 점수를 구하시오.

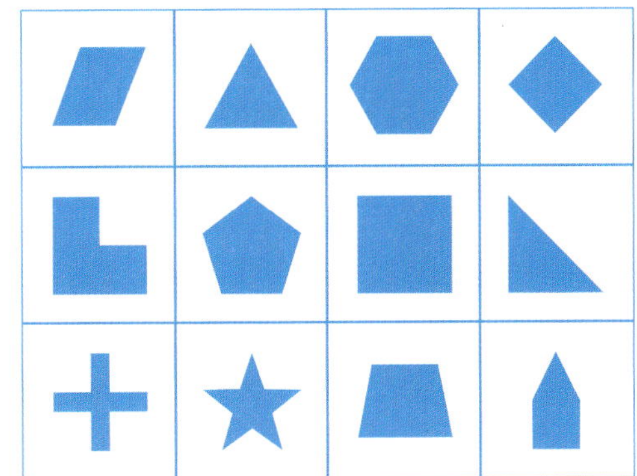

도형을 수로 나타낸 것을 보고 나머지 빈칸에 알맞은 수를 쓰시오.

4	3	6	4
6	5		

문장을 암호로 나타낸 것을 보고 주어진 문장을 암호로 만들어 보시오.

노크 포인트

그림, 모양, 색깔, 위치, 개수 등의 규칙을 이용하여 다양한 암호를 만들 수 있습니다.

① 그림의 단어를 이용한 암호

52 ➡ 오이　　　1 ➡ 일초　　　△3 ➡ 산삼

② 자음과 모음에 있는 선분의 수로 규칙을 정한 암호

ㄱ	ㄷ	ㅛ	ㅁ	ㅡ	ㄹ
2	3	3	4	1	5

규칙을 이용한 암호

다음과 같이 자음과 모음이 변하는 순서에 따라 글자가 변하는 규칙이 있습니다. 이 규칙으로 만든 암호를 해독해 봅시다.

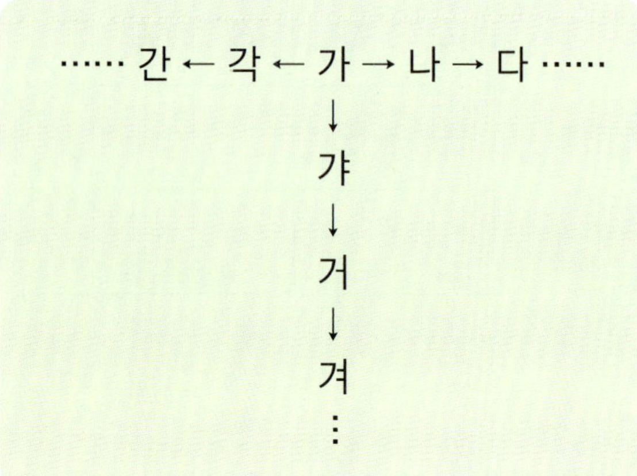

	변하는 순서
자음	ㄱ ㄴ ㄷ ㄹ ㅁ ㅂ ㅅ ㅇ ㅈ ㅊ ㅋ ㅌ ㅍ ㅎ
모음	ㅏ ㅑ ㅓ ㅕ ㅗ ㅛ ㅜ ㅠ ㅡ ㅣ

❶ 규칙을 찾아 ☐ 안에 알맞은 글자를 쓰시오.

> 서 (3, 4, 5) ➡ 서 → → → ↓↓↓↓ ← ← ← ← ←: 춤

어 (1, 0, 5): ☐   머 (2, 2, 4): ☐

→는 자음, ↓는 모음,
←는 받침이 바뀌는 거
알고 있었어?

❷ 암호를 해독한 글자를 이어서 쓰시오.

> 고 (0, 4, 5)   묘 (2, 1, 0)   가 (0, 0, 8)   라 (3, 0, 2)

➡ ____

1 암호의 규칙을 찾아 주어진 암호를 해독하시오.

A B C D E F G H I J K L M N O P Q R S T U V W X Y Z

규칙

R ▷ Q ◀ L ▶ H ◁ → SONG
E ▶ N ▷ P ◁ F ◀ → GOOD

J ▷ N ▷ T ◀ C ▶ B ◁

➡ ________________________________

[초이의 생일]

2 글자와 수의 관계를 보고 규칙을 찾아 ☐ 안에 알맞은 수를 써넣으시오.

초	이	의		생	일	은		오	월	사	일	입	니	다.
6	2	3		6	7	4		☐	10	☐	7	6	3	5.

도형 암호

다음 도형과 알파벳 사이에는 일정한 규칙이 있습니다. 규칙을 찾아 도형을 사용한 암호를 만들어 봅시다.

○	●●	◇	○○
XPA	XQB	YPA	XPB

❶ 도형을 X로 시작하는 것과 Y로 시작하는 것으로 나누었습니다. X와 Y가 나타내는 것을 쓰시오.

X로 시작하는 도형   Y로 시작하는 도형

○   ●●   ○○   ◇

X: _______________________

Y: _______________________

❷ 같은 방법으로 P, Q와 A, B가 나타내는 것을 각각 쓰시오.

P: _______________________ Q: _______________________

A: _______________________ B: _______________________

❸ 암호를 해독하여 도형이 나타내는 알파벳을 쓰고, 알파벳 YQB를 도형으로 나타내시오.

◇◇   ●

YQB

1 다음 도형들이 나타내는 것을 보고 다음 암호를 해독하여 ☐ 안에 써넣으시오.

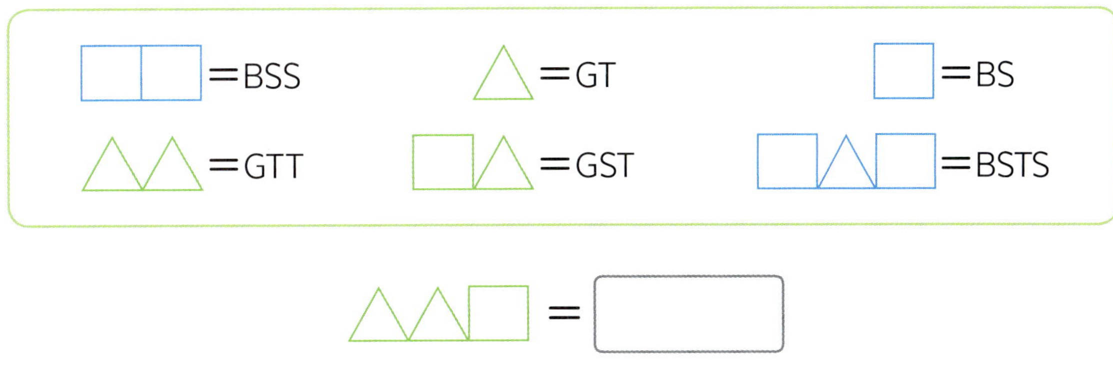

2 다음은 금고의 비밀번호 6자리를 나타내는 암호입니다. 도둑이 금고에 침입하여 숫자를 넣었지만 암호를 잘못 풀어 금고는 열리지 않았습니다. 도둑이 잘못 해독한 암호의 기호를 쓰시오.

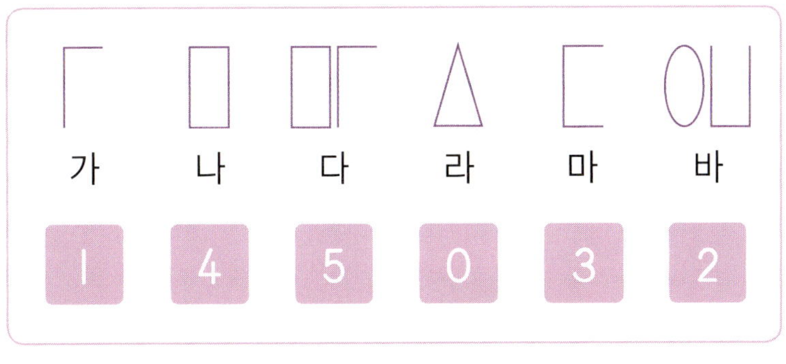

나와 다는 왜 ㅣ차이가 나는지 생각해 봤어?

창의적 문제해결력

1 암호표를 보고 암호가 나타내는 단어를 쓰시오.

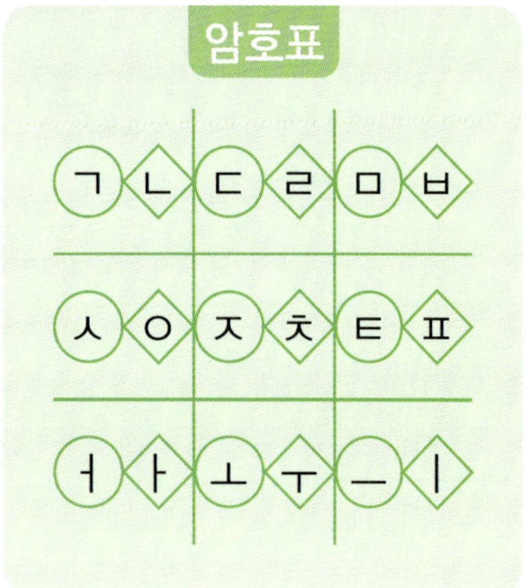

2 다음은 알파벳을 나타내는 암호입니다. 같은 규칙으로 아래 도형에 알맞은 알파벳을 써넣으시오.

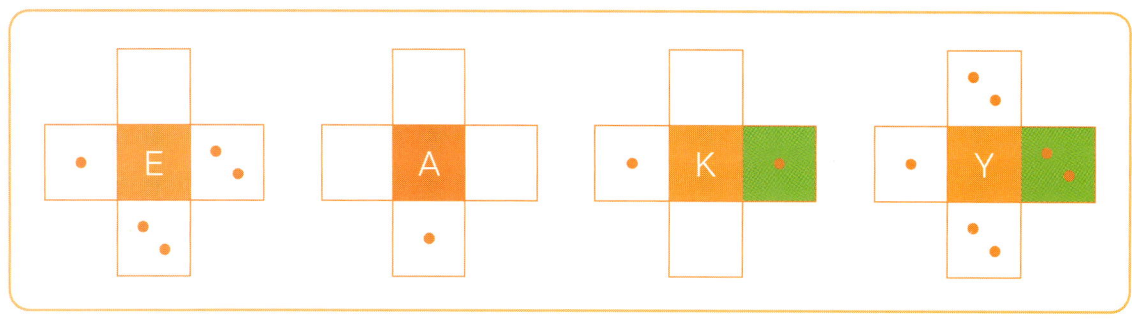

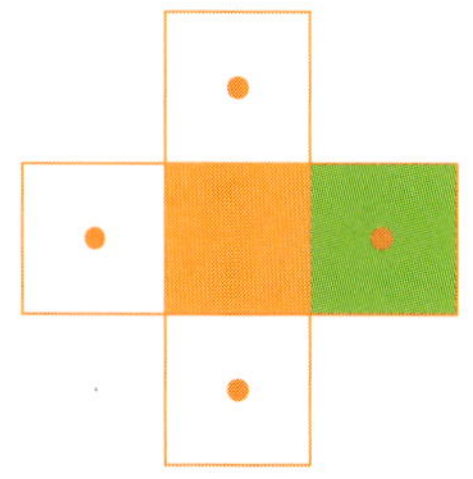

3 도형이 나타내는 수가 다음과 같습니다. 다음 도형이 나타내는 수를 ☐ 안에 차례로 써넣으시오.

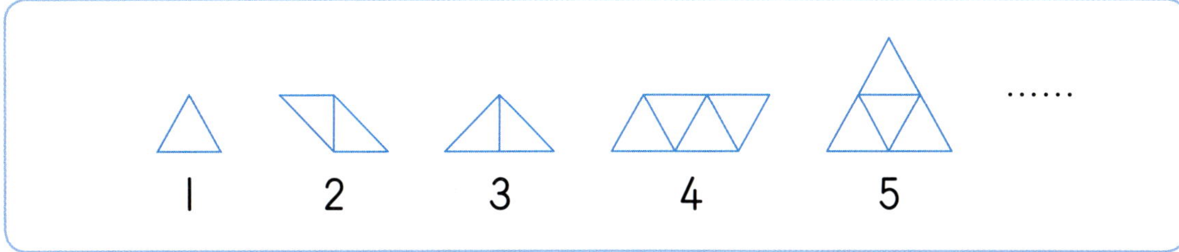

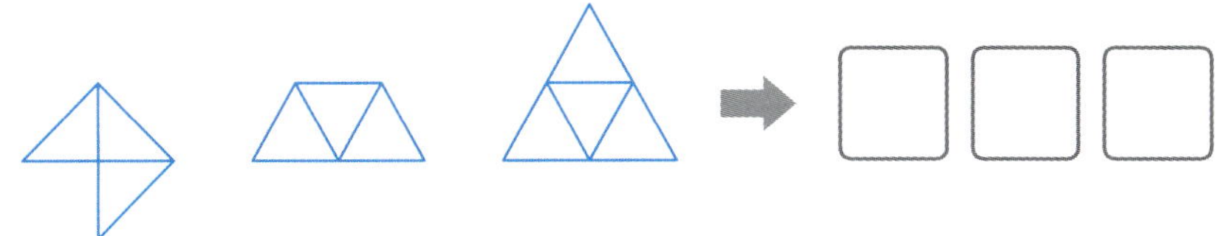

4 물건에 붙어 있는 바코드에는 여러 가지 정보가 들어 있습니다. 바코드 모양의 규칙을 찾아 다음 바코드가 나타내는 상품 종류와 만든 날짜를 각각 구하시오.

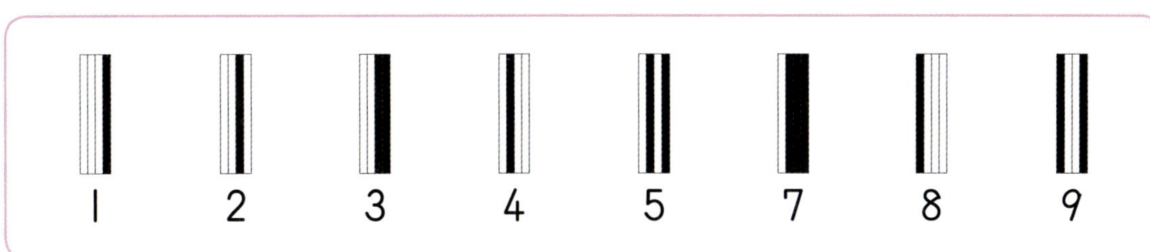

상품 바코드

상품명 제조월 제조일

상품 코드표

6 : 사탕   7 : 라면
8 : 김밥   10 : 빵
12 : 우유
15 : 초콜릿

상품 종류: ☐

만든 날짜: ☐ 월 ☐ 일

Chapter 2

규칙과 수학

4 수 상자

마법사 멀린은 작은 공을 넣으면 일정한 규칙에 따라 큰 공이 만들어져서 나오는 마술 상자를 만들었습니다.

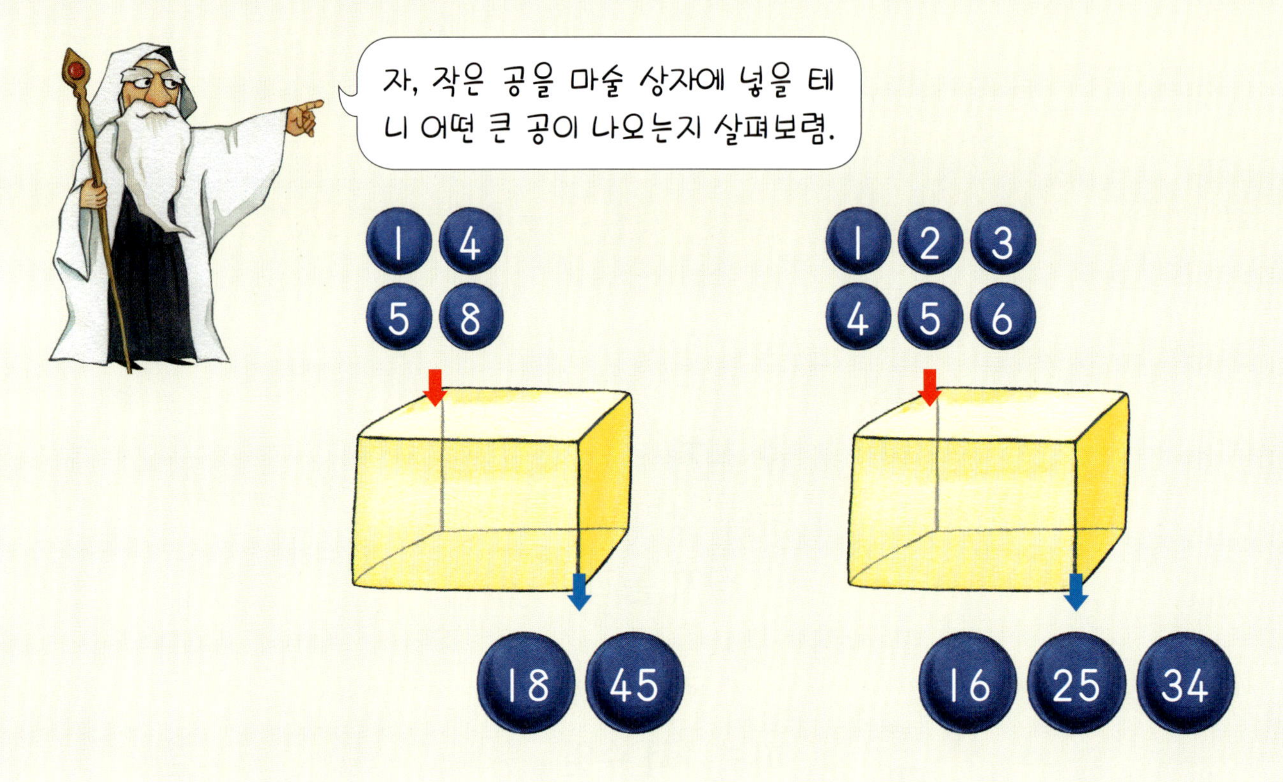

다음과 같이 작은 공을 마술 상자에 넣었을 때 나오는 큰 공에 적힌 수를 구하시오.

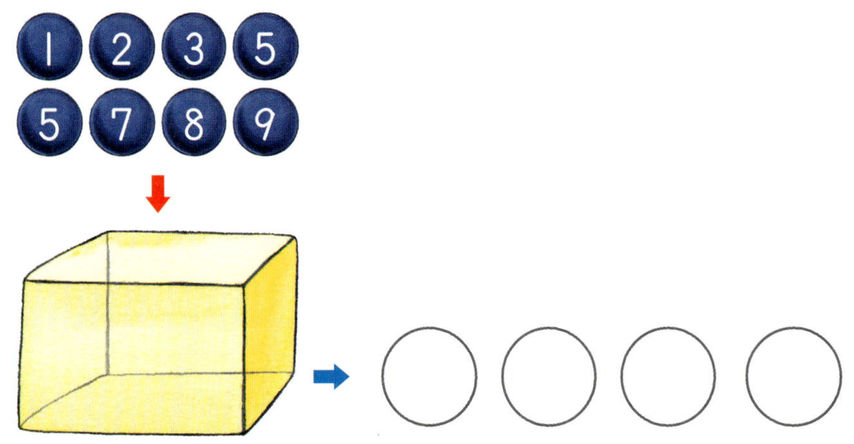

상자에 수가 들어갔다 나오는 규칙을 보고 ☐ 안에 알맞은 수를 쓰시오.

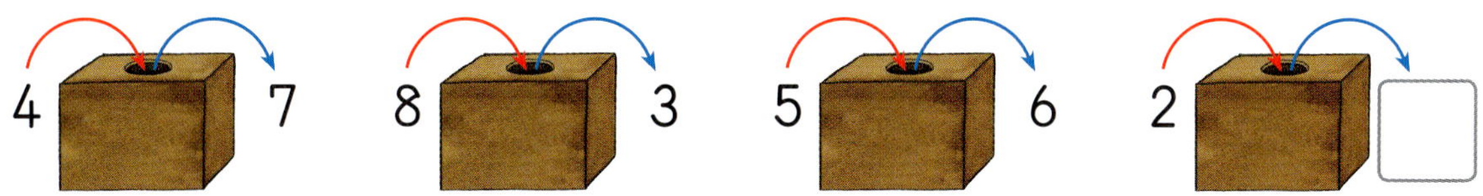

아이들이 선생님이 말한 동물의 규칙을 가지고 이야기를 하고 있습니다. 초이가 말해야 하는 수를 구하시오.

수를 넣으면 수가 바뀌어 나오는 상자가 있을 때, 들어가는 수와 나오는 수를 보고 수가 바뀌는 규칙을 찾아낼 수 있습니다.

일정한 규칙에 맞게 수를 다른 수나 글자, 모양, 도형 등으로 나타낼 수 있습니다. 나타낸 둘의 관계에서 규칙을 찾아낼 수 있습니다.

글자의 수	2배에서 1을 뺀 수		도형의 변의 수	
원숭이 → 3	4 → 7	1 → 1	▲ → 3	⬣ → 6
곰 → 1	2 → 3	5 → 9	■ → 4	⬟ → 5
돼지 → 2				
딱다구리 → 4				

6칸짜리 상자에 0, 2, 3, 4가 적힌 공을 넣으면 지오는 공의 위치를 보고 수를 말합니다. 수를 말하는 규칙을 찾아 지오가 말할 수 있는 가장 큰 수를 구해 봅시다.

❶ 다음과 같이 공을 넣었을 때 지오가 말하는 수를 각각 구하시오.

❷ 지오가 말한 수를 보고, 공 안에 0, 2, 3, 4를 한 번씩 쓰시오.

[가장 큰 수]

1 숫자 4개를 입력하면 규칙에 맞게 수가 표시됩니다. 다음과 같이 2, 7, 6, 9 네 개의 숫자를 사용한 수를 입력할 때, 가장 큰 수가 나오는 것의 기호를 쓰시오.

입력한 수: 3174 → 411
입력한 수: 7017 → 78
입력한 수: 5565 → 1011

㉠ 7629 ㉡ 7296
㉢ 2796 ㉣ 6297
㉤ 9672 ㉥ 9267

[두 번 바뀐 수]

2 도형 안의 수가 다음과 같이 바뀔 때 빈 곳에 알맞은 수를 써넣으시오.

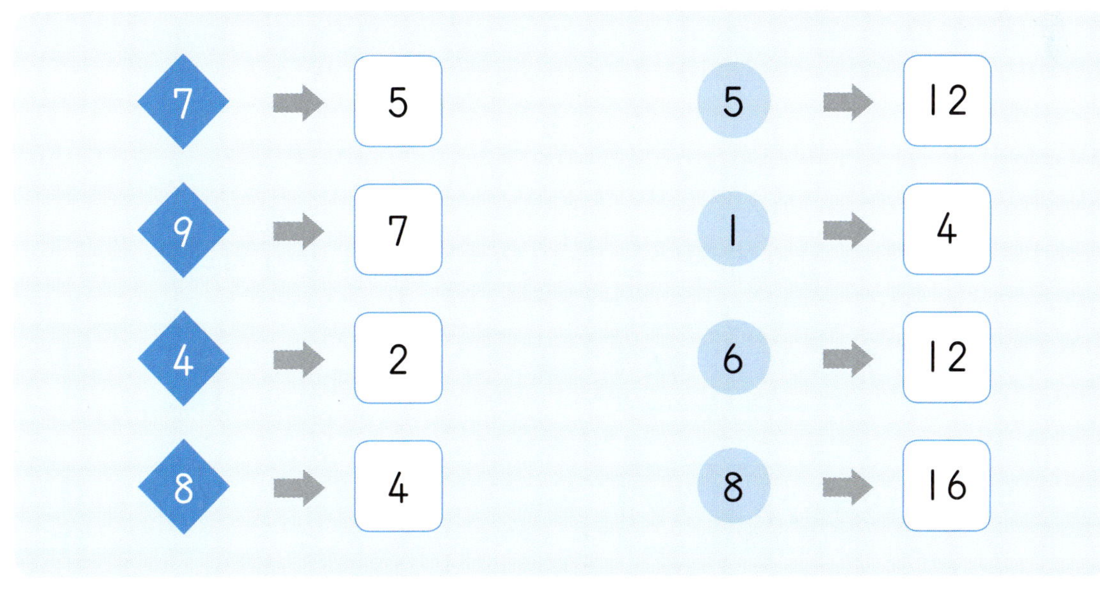

수 상자 통과

수 상자에 수 카드 네 장을 넣었더니 다음과 같이 순서대로 카드가 나왔습니다.

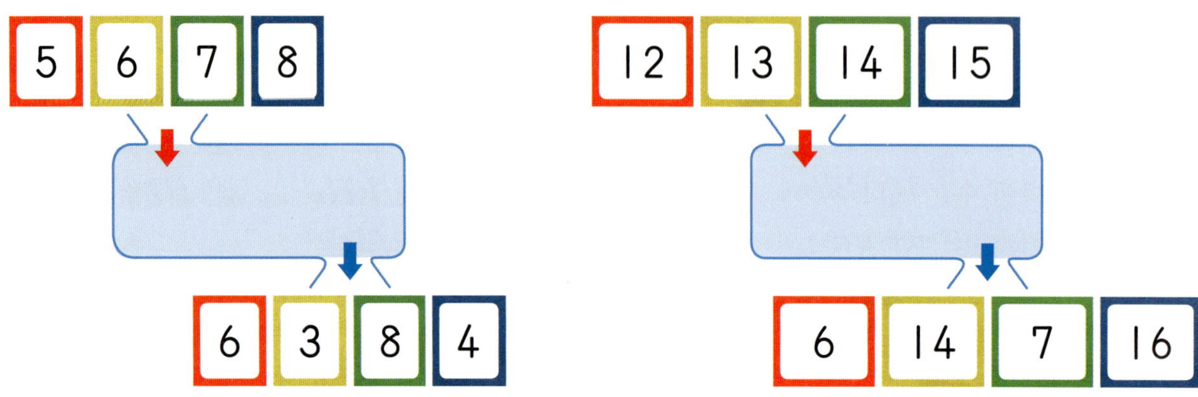

❶ 넣은 카드의 수가 홀수인 경우와 짝수인 경우로 나누어서 수가 각각 어떤 규칙으로 변하는지 쓰시오.

홀수인 카드일 때: ______________________________

짝수인 카드일 때: ______________________________

❷ 다음 카드를 수 상자에 넣었을 때 나오는 수를 빈 곳에 차례로 쓰시오.

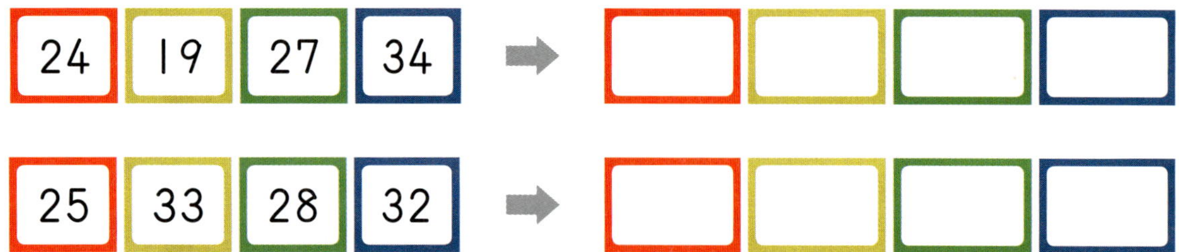

정답 및 해설

C6
(10~11세)

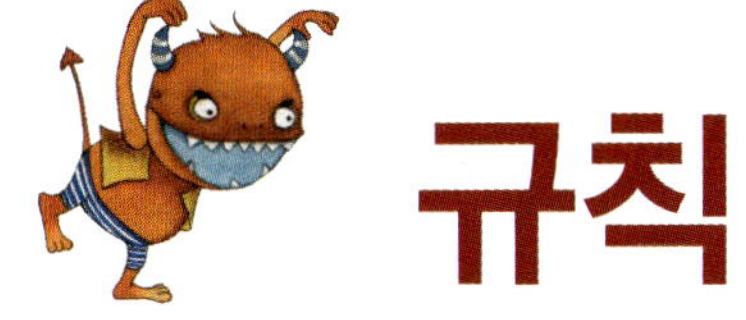

규칙

암호

1 암호와 식

지오는 반 친구들을 생일에 초대하기 위해 암호를 사용하여 생일 초대장을 만들었습니다.

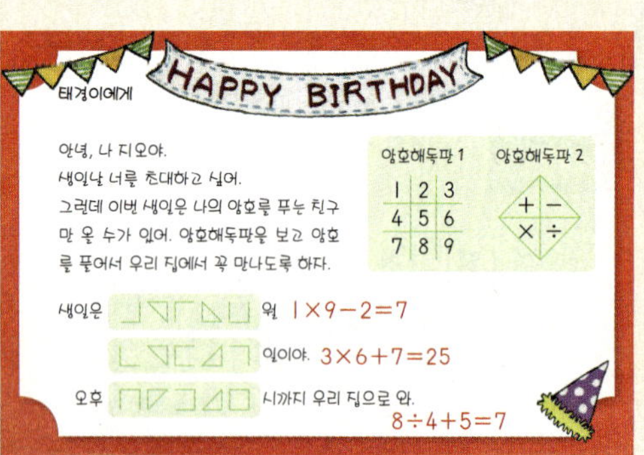

지오의 생일은 7월입니다. 초대장의 암호해독판을 보고 월을 나타내는 암호의 각 모양이 나타내는 숫자 또는 연산 기호를 쓰시오.

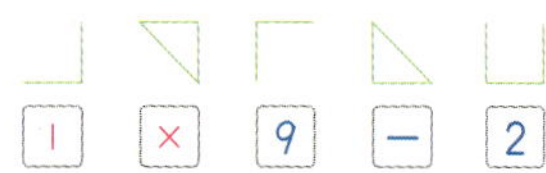

$$1 \quad \times \quad 9 \quad - \quad 2$$

지오가 친구들을 초대한 것은 몇 월 며칠 오후 몇 시입니까?

7월 25일 오후 7시

암호표의 모양을 보고 ☐ 안에 알맞은 숫자 또는 연산 기호를 써넣으시오.

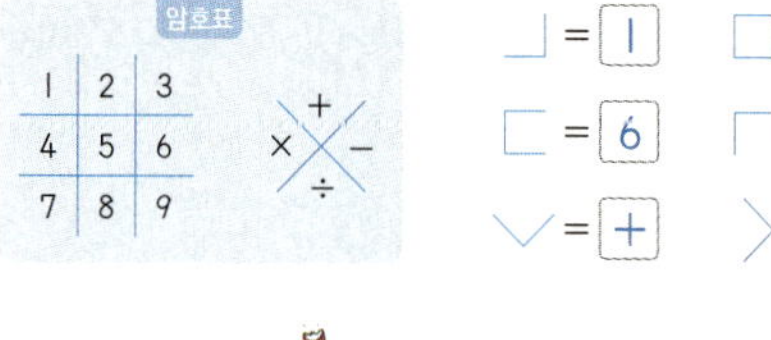

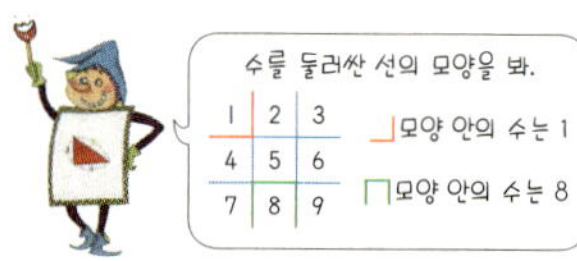

내고 포인트

숫자와 사칙 연산 기호(+, −, ×, ÷)를 넣은 암호표를 만든 다음, 암호표의 모양으로 식을 나타낼 수 있습니다.

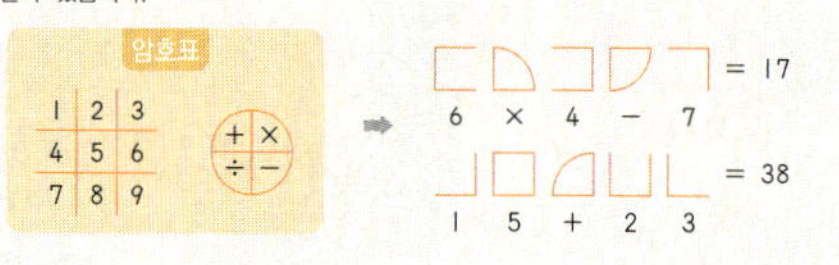

🗡 암호표 복원하기

아인이는 숫자 1, 2, 3, 4, 5와 사칙 연산 기호가 쓰여 있는 암호표를 만들고 암호표를 사용한 문제와 답을 적어 놓았습니다. 그런데 동생이 암호표에 있는 숫자들을 모두 지웠습니다. 암호표를 완성해 봅시다.

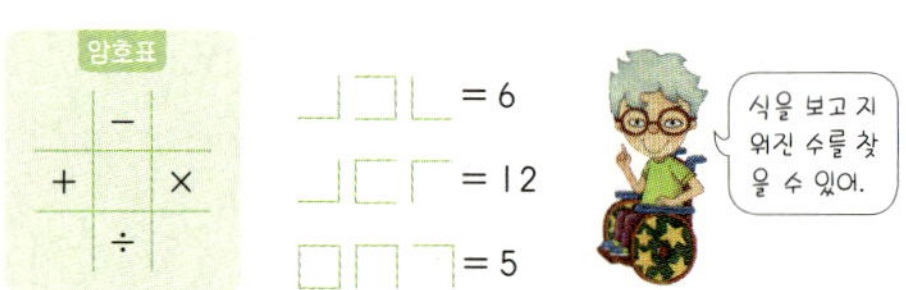

❶ 1, 2, 3, 4, 5와 사칙 연산 기호를 사용하여 만들 수 있는 식을 모두 써 보시오.

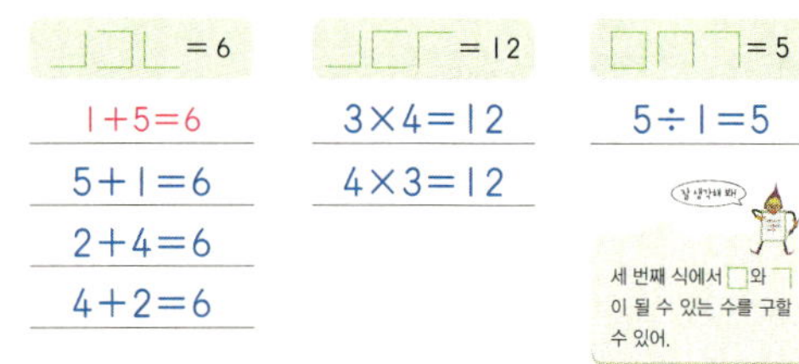

☐ = 6	☐ = 12	☐ = 5
1+5=6	3×4=12	5÷1=5
5+1=6	4×3=12	
2+4=6		
4+2=6		

❷ 지워진 암호표의 빈 곳에 알맞은 숫자를 찾아 아인이가 처음 만들었던 암호표를 완성하시오.

5÷1=5이므로 ☐=5, ☐=1입니다.
☐=6과 ☐=12를
모두 만족하려면 ☐=4, ☐=2, ☐=3이어야 합니다.

4	−	2
+	5	×
1	÷	3

[사물함 비밀번호]

1 다음 암호를 풀면 사물함 비밀번호의 마지막 두 자리 수가 나옵니다. 암호를 풀어 사물함 비밀번호를 완성하시오.

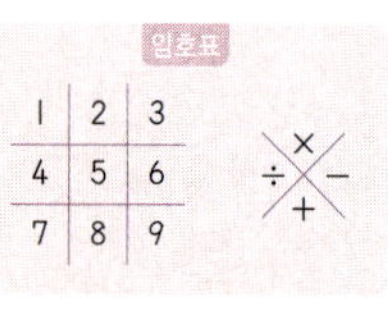

$$4 \times 5 + 3 = 23$$

사물함 비밀번호: 4 1 2 3

[암호표에 들어갈 숫자]

2 다음 암호표를 이용한 계산식의 결과가 3입니다. 암호표의 ㉠에 알맞은 숫자를 구하시오. 4

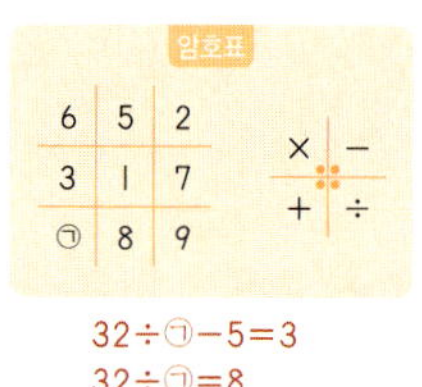

$$32 \div ㉠ - 5 = 3$$
$$32 \div ㉠ = 8$$
$$㉠ = 4$$

2 C6 규칙

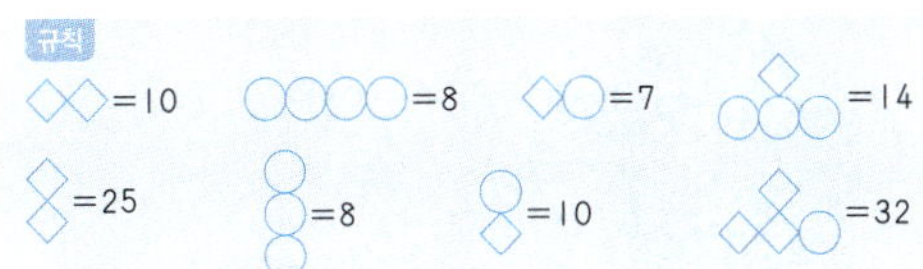

도형 암호 연산

도형 ◇와 ◯를 사용하여 여러 가지 수를 암호로 나타낸 것입니다. 암호의 규칙을 찾아 도형이 나타내는 수를 구해 봅시다.

규칙

◇◇=10 ◯◯◯◯=8 ◇◯=7 ◯◯◇◯=14

◇(위아래)=25 ◯◯◯(위아래)=8 ◯◇(위아래)=10 ◇◇◇◯(위아래)=32

❶ 도형이 옆으로 있을 때와 위아래로 있을 때 계산하는 방법을 찾아 □ 안에 ◇와 ◯가 나타내는 수를 써넣으시오.

◇= 5   ◯= 2

도형이 옆으로 있을 때는 합을 구하고, 위아래로 있을 때는 곱을 구합니다.

❷ 다음 도형이 나타내는 수를 구하시오.

33   57

(2×2×5)+5+(2×2×2)=33   2+(5×5×2)+5=57

---

1 다음 계산 결과를 보고 규칙을 찾아 □ 안에 도형이 나타내는 수를 써넣으시오.

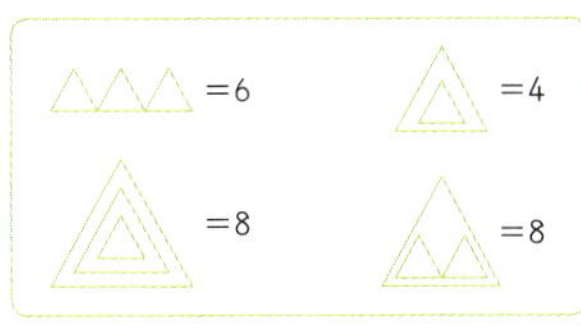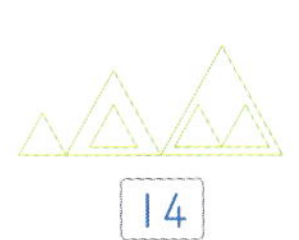

△△△=6   △=4   △(안)=8   △△(안)=8   △△△=14

14

2+4+8=14

△=2. △가 옆으로 있는 경우는 더하고, 안과 밖에 있는 경우는 곱합니다.

2 도형이 나타내는 수의 규칙을 찾아 ◯ 안에 ＋, －, ×, ÷을 써넣으시오.

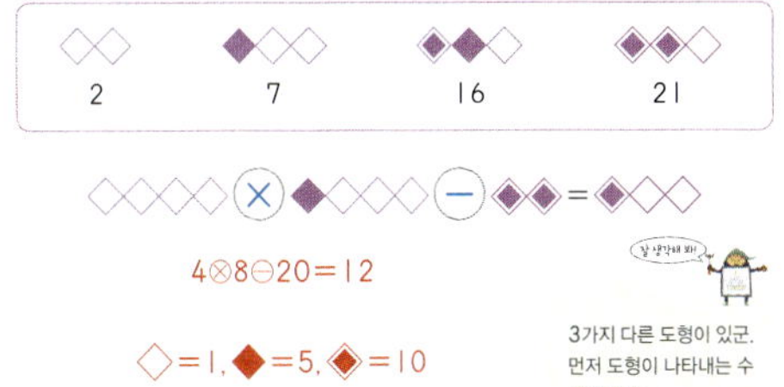

◇◇ 2   ◆◇◇ 7   ◆◆◇ 16   ◆◆◇ 21

◇◇ ✕ ◆◇◇ － ◆◆◇ = ◆◆◇

4⊗8⊖20=12

◇=1, ◆=5, ◆=10

---

② 역사 속 암호

고대 스파르타의 장군 라이산더는 페르시아가 스파르타를 공격하려 한다는 말을 듣고 페르시아에 첩자를 보냈습니다. 첩자는 다음과 같은 내용이 적힌 띠를 장군에게 보냈습니다.

> 페군해 노르의하리 시친고고아구장있는를군다장살을

라이산더 장군은 도착한 띠를 나무봉에 감아 다음과 같은 메시지를 확인하였습니다.

스파르타가 암호를 해독하는 데 사용한 나무봉을 스키테일(scytale)이라고 합니다.

다음은 스키테일을 이용하여 만든 암호입니다. 암호를 해독해 보시오. **나는 네가 잘생긴 친구라 생각해**

나 잘 친 생 는 생 구 각 각 긴 라 해 가
① ② ③ ④

⊙ 다음 암호문을 스키테일에 감으면 세 글자 간격으로 세로로 표시됩니다. 암호문을 해독해 보시오.

나 타 합 는 를 니 파 좋 다 스 아

➡ **나는 파스타를 좋아합니다**

⊙ 다음 암호문을 해독해 보시오. **발 없는 말이 천리 간다**

발 천 없 리 는 간 말 다 이

두 글자 간격으로 읽습니다.

토크 포인트

역사 속의 전쟁 등에서 사용된 암호는 적에게서 아군의 정보를 보호하거나 감추기 위해 다양한 방법으로 발전해 왔습니다.

스키테일 막대   카이사르 암호판

스키테일 암호는 암호문의 글자 간격을 알아내면 막대 없이도 해독할 수 있습니다.

천걸리음길부도터한 ➡ 천리길도한걸음부터

글자 간격이 2인 경우

정답 및 해설 **3**

카이사르 암호

카이사르 암호는 고대 로마의 카이사르가 사용한 것으로 알파벳을 하나씩 다른 기호나 문자로 바꿔서 만든 암호입니다. 카이사르 암호의 규칙을 찾아 암호문을 해독해 보고, 주어진 글을 암호문으로 나타내어 봅시다.

❶ 다음은 카이사르가 사용했던 암호표의 규칙을 나타낸 것입니다. 암호표의 규칙을 찾아 나머지 빈칸을 완성하시오.

카이사르 암호표

암호	D	E	F	G	H	I	J	K	L	M	N	O	P
전달 문자	A	B	C	D	E	F	G	H	I	J	K	L	M
암호	Q	R	S	T	U	V	W	X	Y	Z	A	B	C
전달 문자	N	O	P	Q	R	S	T	U	V	W	X	Y	Z

❷ 다음 암호를 카이사르 암호표를 이용하여 해독하시오.

PDWK ➡ MATH   VFKRRO ➡ SCHOOL

각 암호 문자에 해당하는 전달 문자를 암호표에서 찾습니다.

❸ 다음과 같은 내용을 카이사르 암호로 바꾸려고 합니다. 암호문을 완성하시오.

BE CAREFUL FOR DOG(개를 조심해)

➡ EH FDUHIXO IRU GRJ

---

1 [원형 카이사르 암호판]
카이사르 암호표를 원 모양의 암호판으로 만든 것입니다. 파란색은 암호, 초록색은 전달 문자를 나타낼 때, 다음 암호문을 해독해 보시오.

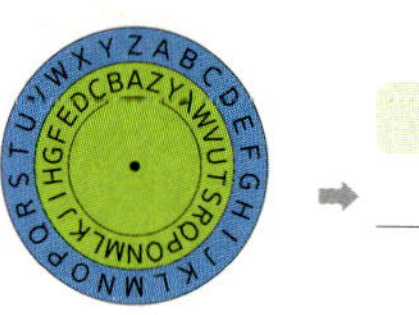

DSZG GRNV RH RG?

➡ WHAT TIME IS IT?

2 [이중 카이사르 암호표]
두 개의 카이사르 암호표를 보고 암호로 된 숫자를 한글로 바꾸시오.

E	F	G	H	I	J	K	L	M	N
4	5	6	7	8	9	0	1	2	3

H	I	J	K	L	M	N	E	F	G
ㄱ	ㄴ	ㄷ	ㅂ	ㅊ	ㅎ	ㅏ	ㅜ	ㅡ	ㅣ

14723236 ➡ 축하해

LEHMNMNG ➡ 축하해

곱 암호

제 1차 세계대전에서 독일군은 숫자로 된 곱 암호를 만들어 사용하였습니다. 곱 암호의 규칙을 찾아 암호문을 해독하고, 암호문을 만들어 봅시다.

곱 암호표

×	1	2	3	4	5
1	A	B	C	D	E
2	F	G	H	I	J
3	K	L	M	N	O
4	P	Q	R	S	T
5	U	V	W	X	Y

암호문

(3, 2)(5, 1)(2, 3)(1, 4) ➡ HELP

(3, 3)(1, 1)(5, 4)(3, 2) ➡ MATH

❶ 암호표의 규칙을 찾아 곱 암호표를 완성하시오.

❷ 다음 암호를 곱 암호표를 이용하여 해독하시오.

(2, 3)(5, 3)(2, 5)(5, 1) ➡ LOVE

(4, 3)(4, 2)(3, 1)(5, 1) ➡ NICE

❸ 다음 단어를 암호표를 이용하여 암호문으로 만드시오.

KNOCK ➡ (1, 3)(4, 3)(5, 3)(3, 1)(1, 3)

---

1 [발견한 적군의 수]
암호병이 발견한 적군의 수를 암호로 본부에 보냈습니다. 암호를 해독하여 발견한 적군의 수는 몇 명인지 구하시오. 3800명

암호문

(■, ♠)(♦, ♠)(▲, ♥)(●, ★)

곱 암호표

×	●	♦	▲	■
♠	7	8	5	3
♣	3	6	9	2
♥	2	7	0	8
★	0	5	1	6

2 [약속 시간 암호]
태경이는 지오와 서점을 가기로 하였습니다. 태경이는 지오에게 약속 시각을 암호표와 암호문으로 알려주었습니다. 암호문을 해독하시오. 오후 두 시

곱 암호표

×	1	2	3	4	5	6
1	ㄱ	ㄴ	ㄷ	ㄹ	ㅁ	ㅂ
2	ㅅ	ㅇ	ㅈ	ㅊ	ㅋ	ㅌ
3	ㅍ	ㅎ	ㅏ	ㅑ	ㅓ	ㅕ
4	ㅗ	ㅛ	ㅜ	ㅠ	ㅡ	ㅣ

암호문

(2, 2)(1, 4)(2, 3)(3, 4)
(3, 1)(3, 4)(1, 2)(6, 4)

---

4 C6 규칙

3 창의적 암호 해독

다음은 아인이가 쓴 일기입니다.

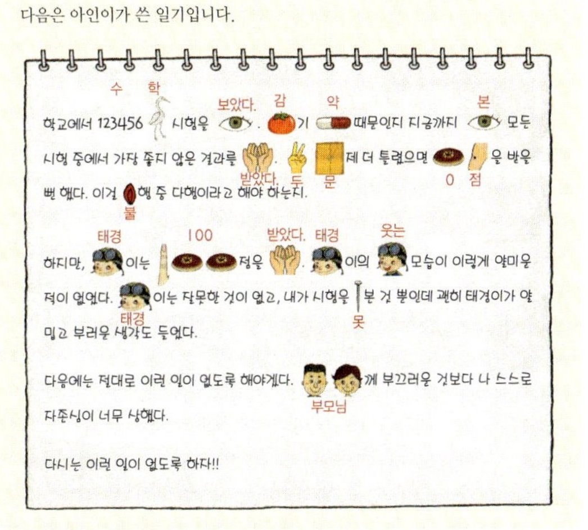

아인이가 학교에서 본 시험은 무슨 과목입니까? **수학**

1문제에 10점인 시험에서 태경이는 10문제를 모두 맞혔습니다. 아인이의 점수를 구하시오. **20점**

두 문제 더 틀리면 0점이라고 했으므로 아인이의 점수는 20점입니다.

⓪ 도형을 수로 나타낸 것을 보고 나머지 빈칸에 알맞은 수를 쓰시오.

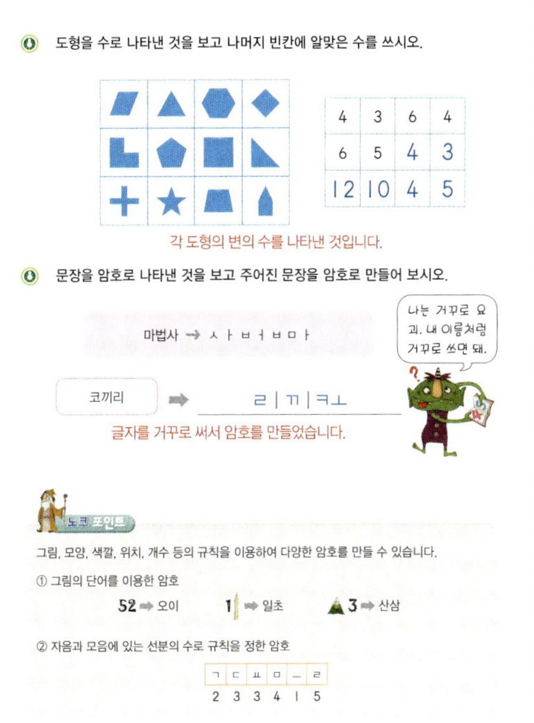

4	3	6	4
6	5	4	3
12	10	4	5

각 도형의 변의 수를 나타낸 것입니다.

⓪ 문장을 암호로 나타낸 것을 보고 주어진 문장을 암호로 만들어 보시오.

마법사 → ㅅㅂㅂㅁㅏ

코끼리 ⇒ ㄹㄲㅋㅗ

글자를 거꾸로 써서 암호를 만들었습니다.

노노 포인트

그림, 모양, 색깔, 위치, 개수 등의 규칙을 이용하여 다양한 암호를 만들 수 있습니다.

① 그림의 단어를 이용한 암호

52 ➡ 오이   1 ➡ 일초   🌲 3 ➡ 산삼

② 자음과 모음에 있는 선분의 수로 규칙을 정한 암호

| ㄱ | ㄷ | ㅍ | ㅁ | ㅡ | ㄹ |
| 2 | 3 | 3 | 4 | 1 | 5 |

규칙을 이용한 암호

다음과 같이 자음과 모음이 변하는 순서에 따라 글자가 변하는 규칙이 있습니다. 이 규칙으로 만든 암호를 해독해 봅시다.

······ 간 ← 각 ← 가 → 나 → 다
↓
가
↓
거
↓
겨
⋮

	변하는 순서
자음	ㄱㄴㄷㄹㅁㅂㅅㅇㅈㅊㅋㅌㅍㅎ
모음	ㅏㅑㅓㅕㅗㅛㅜㅠㅡㅣ

❶ 규칙을 찾아 ☐ 안에 알맞은 글자를 쓰시오.

서 (3, 4, 5) → 서 → →||||← ← → : **춤**

어 (1, 0, 5): **점**   머 (2, 2, 4): **솔**

'어'가 '점'으로, '머'가 '솔'로 변하는 과정입니다.

❷ 암호를 해독한 글자를 이어서 쓰시오.

고 (0, 4, 5)   묘 (2, 1, 0)   가 (0, 0, 8)   라 (3, 0, 2)

⇒ **금수강산**

[암호의 규칙]

1 암호의 규칙을 찾아 주어진 암호를 해독하시오.

A B C D E F G H I J K L M N O P Q R S T U V W X Y Z

규칙

R ▷ Q ◀ L ▶ H ◁ → SONG
E ▶ N ▷ P ◁ F ◀ → GOOD

J ▷ N ▷ T ◀ C ▶ B ◁

⇒ **KOREA**

알파벳 A부터 Z까지 왼쪽부터 차례대로 썼을 때, ▷는 오른쪽으로 한 칸, ▶는 오른쪽으로 두 칸, ◁는 왼쪽으로 한 칸, ◀는 왼쪽으로 두 칸 이동한 것입니다.

[초이의 생일]

2 글자와 수의 관계를 보고 규칙을 찾아 ☐ 안에 알맞은 수를 써넣으시오.

| 초 | 이 | 의 | | 생 | 일 | 은 | | 오 | 월 | 사 | 일 | 입 | 니 | 다. |
| 6 | 2 | 3 | | 6 | 7 | 4 | | 3 | 10 | 4 | 7 | 6 | 3 | 5. |

자음과 모음에 있는 선의 수의 합으로 규칙을 만든 것입니다.

정답 및 해설 **5**

도형 암호

다음 도형과 알파벳 사이에는 일정한 규칙이 있습니다. 규칙을 찾아 도형을 사용한 암호를 만들어 봅시다.

XPA · XQB · YPA · XPB

❶ 도형을 X로 시작하는 것과 Y로 시작하는 것으로 나누었습니다. X와 Y가 나타내는 것을 쓰시오.

X로 시작하는 도형 · Y로 시작하는 도형

X: 원 모양(○) Y: 사각형 모양(◇)

❷ 같은 방법으로 P, Q와 A, B가 나타내는 것을 각각 쓰시오.

P: 색칠하지 않은 도형 Q: 색칠한 도형

A: 도형이 1개 B: 도형이 2개

❸ 암호를 해독하여 도형이 나타내는 알파벳을 쓰고, 알파벳 YQB를 도형으로 나타내시오.

YPB · XQA · YQB

1 다음 도형들이 나타내는 것을 보고 다음 암호를 해독하여 ☐ 안에 써넣으시오.

= BSS △ = GT = BS

= GTT = GST = BSTS

△△☐ = GTTS

B: 파란색, G: 초록색, S: 사각형, T: 삼각형

2 다음은 금고의 비밀번호 6자리를 나타내는 암호입니다. 도둑이 금고에 침입하여 숫자를 넣었지만 암호를 잘못 풀어 금고는 열리지 않았습니다. 도둑이 잘못 해독한 암호의 기호를 쓰시오. 마

가 나 다 라 마 바

1 4 5 0 3 2

숫자는 주어진 도형에서 찾을 수 있는 직각의 수입니다.
따라서 마는 2입니다.

창의적 문제해결력

1 암호표를 보고 암호가 나타내는 단어를 쓰시오. 다람쥐

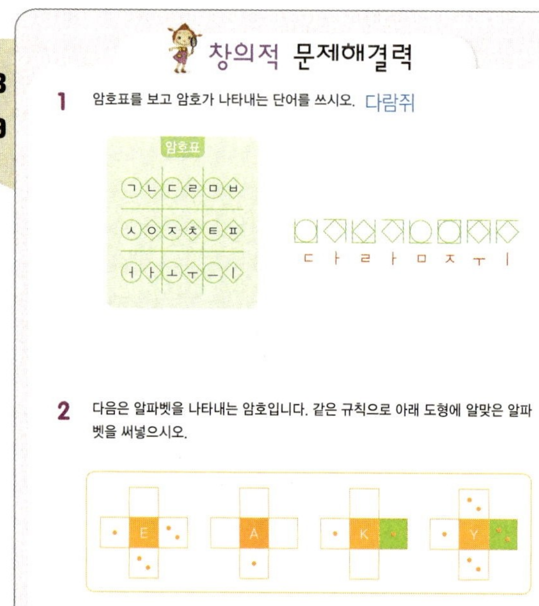

2 다음은 알파벳을 나타내는 암호입니다. 같은 규칙으로 아래 도형에 알맞은 알파벳을 써넣으시오.

E · A · K · Y

M

색칠하지 않은 칸의 눈 1개는 1을 나타내고, 색칠한 칸의 눈 1개는 10을 나타냅니다. 알파벳 A부터 Z까지 차례로 썼을 때 E는 5번째 알파벳, A는 1번째 알파벳, K는 11번째 알파벳, Y는 25번째 알파벳입니다.

3 도형이 나타내는 수가 다음과 같습니다. 다음 도형이 나타내는 수를 ☐ 안에 차례로 써넣으시오.

1 · 2 · 3 · 4 · 5 · ‥‥‥

➡ 5 3 5

찾을 수 있는 크고 작은 삼각형의 수를 나타낸 것입니다.

4 물건에 붙어 있는 바코드에는 여러 가지 정보가 들어 있습니다. 바코드 모양의 규칙을 찾아 다음 바코드가 나타내는 상품 종류와 만든 날짜를 각각 구하시오.

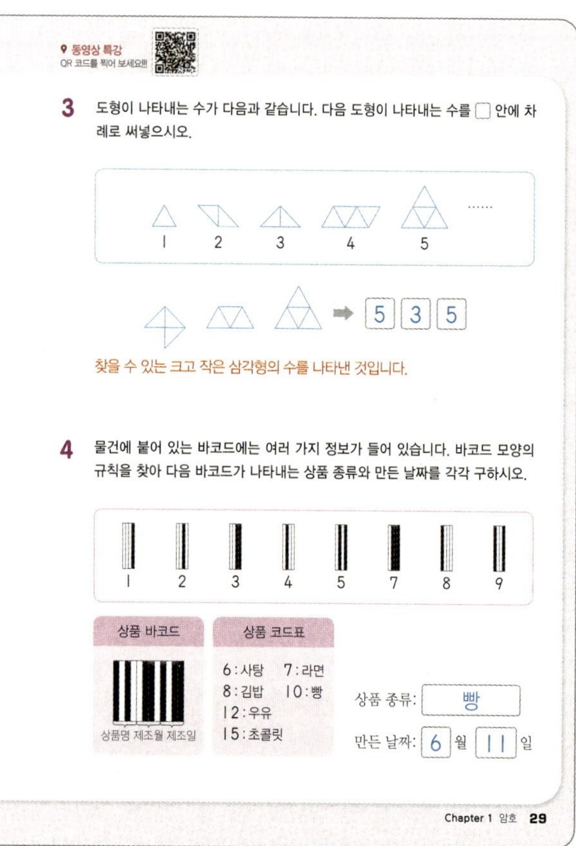

1 2 3 4 5 7 8 9

상품 바코드	상품 코드표
	6: 사탕 7: 라면
	8: 김밥 10: 빵
	12: 우유
상품명 제조월 제조일	15: 초콜릿

상품 종류: 빵

만든 날짜: 6 월 11 일

규칙과 수학

4 수 상자

마법사 멀린은 작은 공을 넣으면 일정한 규칙에 따라 큰 공이 만들어져서 나오는 마술 상자를 만들었습니다.

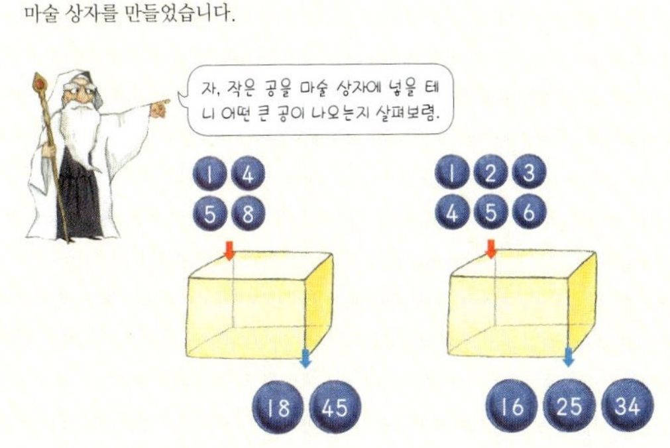

다음과 같이 작은 공을 마술 상자에 넣었을 때 나오는 큰 공에 적힌 수를 구하시오.

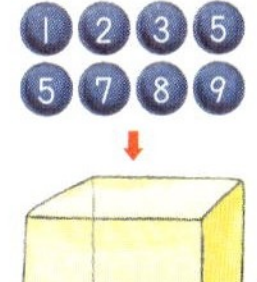

가장 작은 수와 가장 큰 수, 두 번째로 작은 수와 두 번째로 큰 수 ……씩 짝을 이루어 만들 수 있는 두 자리 수 중 가장 작은 수가 적힌 공이 나옵니다.

상자에 수가 들어갔다 나오는 규칙을 보고 ☐ 안에 알맞은 수를 쓰시오.

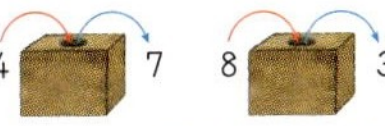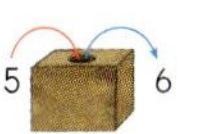

들어가는 수와 나오는 수를 더하면 11이 됩니다.

아이들이 선생님이 말한 동물의 규칙을 가지고 이야기를 하고 있습니다. 초이가 말해야 하는 수를 구하시오. 4

동물의 다리 수를 말합니다.

노크 포인트

수를 넣으면 수가 바뀌어 나오는 상자가 있을 때, 들어가는 수와 나오는 수를 보고 수가 바뀌는 규칙을 찾아낼 수 있습니다.

일정한 규칙에 맞게 수를 다른 수나 글자, 모양, 도형 등으로 나타낼 수 있습니다. 나타낸 둘의 관계에서 규칙을 찾아낼 수 있습니다.

글자의 수	2배에서 1을 뺀 수	도형의 변의 수
원숭이 → 3	4 → 7	1 → 1	▲ → 3 ⬟ → 6
곰 → 1	2 → 3	5 → 9	■ → 4 ⬠ → 5
돼지 → 2		
딱다구리 → 4		

규칙 찾기

6칸짜리 상자에 0, 2, 3, 4가 적힌 공을 넣으면 지오는 공의 위치를 보고 수를 말합니다. 수를 말하는 규칙을 찾아 지오가 말할 수 있는 가장 큰 수를 구해 봅시다.

❶ 다음과 같이 공을 넣었을 때 지오가 말하는 수를 각각 구하시오.

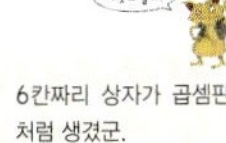

720 608

$240 \times 3 = 720$ $2 \times 304 = 608$

윗줄의 수와 아랫줄의 수를 곱하는 규칙입니다.

❷ 지오가 말한 수를 보고, 공 안에 0, 2, 3, 4를 한 번씩 쓰시오.

$320 \times 4 = 1280$

[가장 큰 수]

1 숫자 4개를 입력하면 규칙에 맞게 수가 표시됩니다. 다음과 같이 2, 7, 6, 9 네 개의 숫자를 사용한 수를 입력할 때, 가장 큰 수가 나오는 것의 기호를 쓰시오. ㉠

입력한 수: 3174 → 411
입력한 수: 7017 → 78
입력한 수: 5565 → 1011

㉠ 7629 1311 ㉡ 7296 915
㉢ 2796 915 ㉣ 6297 816
㉤ 9672 159 ㉥ 9267 1113

천의 자리 숫자와 백의 자리 숫자의 합, 십의 자리 숫자와 일의 자리 숫자의 합을 차례로 씁니다.

[두 번 바뀐 수]

2 도형 안의 수가 다음과 같이 바뀔 때 빈 곳에 알맞은 수를 써넣으시오.

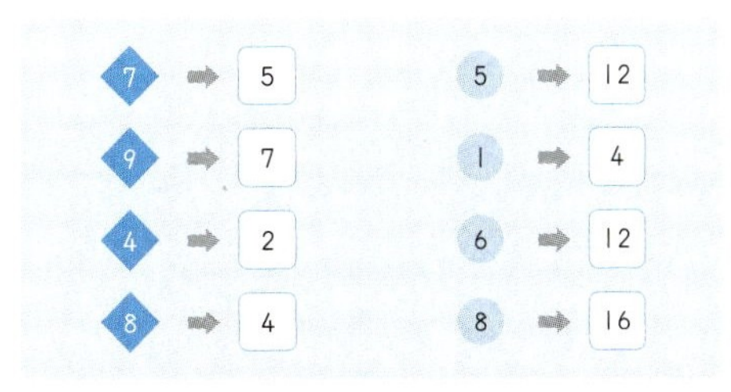

◆ 안의 수가 홀수이면 2를 빼고, 짝수이면 2로 나눕니다.
● 안의 수가 홀수이면 2를 곱한 후 2를 더하고, 짝수이면 2를 곱합니다.

$6 \div 2 = 3, 3 \times 2 + 2 = 8$

정답 및 해설 **7**

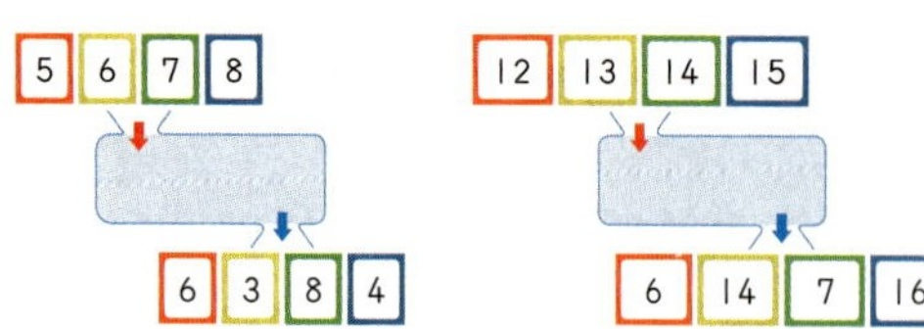 수 상자 통과

수 상자에 수 카드 네 장을 넣었더니 다음과 같이 순서대로 카드가 나왔습니다.

| 5 | 6 | 7 | 8 | → | 6 | 3 | 8 | 4 |

| 12 | 13 | 14 | 15 | → | 6 | 14 | 7 | 16 |

❶ 넣은 카드의 수가 홀수인 경우와 짝수인 경우로 나누어서 수가 각각 어떤 규칙으로 변하는지 쓰시오.

홀수인 카드일 때: **1을 더한 수가 나옵니다.**

짝수인 카드일 때: **2로 나눈 수가 나옵니다.**

❷ 다음 카드를 수 상자에 넣었을 때 나오는 수를 빈 곳에 차례로 쓰시오.

| 24 | 19 | 27 | 34 | ➡ | 12 | 20 | 28 | 17 |

| 25 | 33 | 28 | 32 | ➡ | 26 | 34 | 14 | 16 |

[처음으로 돌아온 수]

1 다음과 같은 규칙으로 수가 바뀌는 상자가 있습니다. 7을 상자에 넣고, 나온 수를 다시 상자에 넣기를 여러 번 하였더니 다시 7이 나왔습니다. ☐ 안에 알맞은 수를 써넣으시오.

> • 한 자리 수는 5를 더합니다.
> • 두 자리 수는 각 자리 숫자를 더한 다음 5를 더합니다.

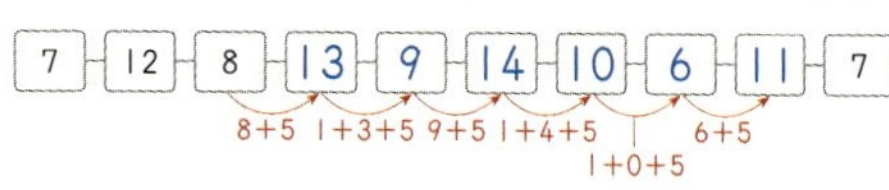

[첫 번째 수 구하기]

2 다음과 같은 규칙으로 수가 바뀌는 상자에 어떤 수를 두 번 넣어서 12가 나왔습니다. 처음 상자에 넣은 수가 될 수 있는 수를 모두 구하시오. **10, 11, 48**

> • 짝수면 2로 나눕니다.
> • 홀수면 1을 더한 다음 2배를 합니다.

12로 바뀌는 수는 24와 5입니다.
24로 바뀌는 수는 48과 11이고, 5로 바뀌는 수는 10입니다.

---

(5) 피보나치 수열

이탈리아의 수학자 레오나르도 피보나치는 〈산반서〉라는 책에서 일정한 규칙으로 늘어나는 토끼의 이야기를 소개했습니다.

> 갓 태어난 암수 한 쌍의 토끼가 있습니다. 이 한 쌍의 토끼는 한 달 후에 어른 토끼가 되고, 두 달 후부터 매달 암수 한 쌍의 새끼를 낳습니다. 새로 태어난 한 쌍의 토끼도 한 달 후 어른 토끼가 되고, 두 달 후부터 매달 암수 한 쌍의 새끼를 낳습니다. 죽는 토끼가 없다고 할 때 1년 후 토끼는 모두 몇 쌍일까요?

표를 완성하여 1년 후에 토끼가 몇 쌍인지 구하시오. **233쌍**

달	현재	1달	2달	3달	4달	5달	6달
토끼의 쌍	1	1	2	3	5	8	13

달	7달	8달	9달	10달	11달	12달
토끼의 쌍	21	34	55	89	144	233

앞 두 달의 토끼 쌍의 합이 다음 달 토끼 쌍입니다.

🟢 규칙에 맞게 수를 늘어놓을 때, ☐ 안에 알맞은 수를 써넣으시오.

• 2, 2, 4, 6, 10, 16, **26**, 42, 68, 110
앞 두 수의 합이 다음 수가 됩니다.

• 89, 55, 34, 21, 13, **8**, 5, 3, 2, 1, 1
앞 두 수의 차가 다음 수가 됩니다.

🟢 다음과 같은 규칙으로 수를 계속 늘어놓을 때, 나오지 않는 수를 찾아 기호를 쓰시오. **ⓒ**

| 1, 1, 2, 3, 5, 8, 13, 21, 34 …… | ㉠ 55 ㉡ 89
 ㉢ 134 ㉣ 233 |

…… 21, 34, 55, 89, 144, 233 ……

노크 포인트

규칙에 따라 수를 늘어놓은 것을 수열이라고 합니다. 수열 중에서 다음과 같이 앞 두 수의 합이 다음 수가 되는 수열을 **피보나치 수열**이라고 하고, 피보나치 수열에 나오는 수를 **피보나치 수**라고 합니다.

피보나치 수열의 규칙

1, 1, 2, 3, 5, 8, 13, 21, 34 ……
1+1 1+2 2+3 3+5 5+8 8+13 13+21

음악, 미술, 건축 등 사람이 만든 여러 예술 작품이나 자연에 있는 아름다운 것 중에는 피보나치 수와 관련된 것들이 많습니다. 예를 들어 꽃잎의 수를 세어 보면 거의 모든 꽃잎이 3장, 5장, 8장, 13장과 같이 피보나치 수로 되어 있습니다.

피보나치 수열의 규칙

40 · 41

보기의 수열과 같은 규칙을 가지는 수열을 모두 만들어 봅시다.

보기
1, 3, 4, 7, 11, 18 ……

□ □ □ 7 □ □ □ ……

앞 두 수의 합이 다음 수가 되는 규칙입니다.

❶ 수열의 두 번째와 세 번째 □ 안에 들어갈 수 있는 수는 모두 세 가지가 있습니다. 들어갈 수 있는 수를 모두 쓰시오.

① (3 , 4)   ② (2 , 5)   ③ (1 , 6)

□ 안의 수의 합이 7입니다.
두 번째 수보다 세 번째 수가 더 큽니다.

❷ 각 경우의 수열을 모두 만들어 보시오. 단, 첫 번째 □ 안에 0은 넣지 않습니다.

① 1 | 3 | 4 | 7 | 11 | 18 | 29 ……
② 3 | 2 | 5 | 7 | 12 | 19 | 31 ……
③ 5 | 1 | 6 | 7 | 13 | 20 | 33 ……

[몇 번째 수]

1 다음 수열에서 3이 나오는 것은 몇 번째인지 구하시오. **10번째**

97, 60, 37, 23, 14 ……

앞 두 수의 차가 다음 수가 됩니다.
97, 60, 37, 23, 14, 9, 5, 4, 1, 3

[피보나치 수열의 규칙]

2 다음은 피보나치 수열과 같은 규칙을 가지는 수열을 나타낸 것입니다. 12 다음에 오는 수를 구하시오. **19**

□ | 2 | □ | □ | 12 | □

세 번째와 네 번째에 들어갈 수 있는 수는
(1, 11), (2, 10), (3, 9), (4, 8), (5, 7)입니다.
두 번째 수가 2이므로 세 번째와 네 번째에
들어갈 수 있는 수는 차가 2인 (5, 7)입니다.

피보나치 수열의 활용

42 · 43

꿀벌이 방 사이에 뚫린 문을 통해 번호가 큰 방으로만 이동합니다. 꿀벌이 1, 2, 3번 방까지 가는 방법의 가짓수를 보고 7번 방까지 가는 서로 다른 방법은 몇 가지인지 알아봅시다.

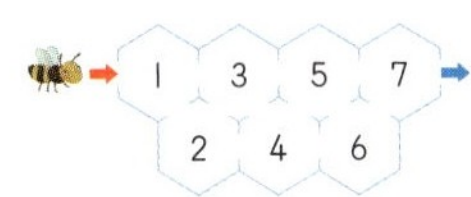

1번 방: 1가지
2번 방: 1번 방에서 가는 방법 1가지
3번 방: 1번 방에서 바로 가는 방법과
2번 방에서 가는 방법이
있으므로 1+1=2(가지)

❶ 꿀벌이 4번 방까지 가는 방법은 3번 방을 거치지 않는 방법과 3번 방을 거치는 방법으로 나눌 수 있습니다. 4번 방까지 가는 방법은 몇 가지입니까? **3가지**

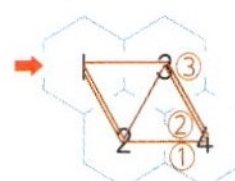

3번 방을 거치지 않고 4번 방까지 가는 방법은 1번, 2번 방을 거치는 1가지입니다. 3번 방을 거쳐서 4번 방까지 가는 방법은 2가지입니다. 따라서 모두 3가지입니다.

❷ 각 방까지 가는 방법의 가짓수가 늘어나는 규칙을 찾아 표를 완성해 보시오. 7번 방까지 가는 서로 다른 방법은 몇 가지입니까? **13가지**

방 번호	1	2	3	4	5	6	7
방법의 가짓수	1	1	2	3	5	8	13

어떤 방까지 가는 방법의 가짓수는 앞 두 방까지 가는 방법의 가짓수의 합이 되는 규칙입니다.

[개울을 건너는 방법]

1 초이는 다음과 같은 징검다리를 건너려고 합니다. 한 번에 한 칸이나 두 칸만 건널 수 있을 때, 초이가 반대 쪽으로 건너갈 수 있는 서로 다른 방법은 모두 몇 가지인지 구하시오. **21가지**

징검다리 1번, 2번, 3번, 4번, 5번, 6번까지 가는 방법의 수는 1가지, 2가지, 3가지, 5가지, 8가지, 13가지로 늘어납니다. 따라서 반대 쪽까지 건너가는 방법은 8+13=21(가지)입니다.

[계단 올라가기]

2 태경이는 8칸짜리 계단을 한 번에 한 칸 또는 두 칸씩 올라가려고 합니다. 계단 끝까지 올라가는 서로 다른 방법은 모두 몇 가지인지 구하시오. **34가지**

계단 1번, 2번, 3번, 4번 칸까지 가는 방법의 수는 1가지, 2가지, 3가지, 5가지로 피보나치 수열의 규칙으로 늘어납니다. 따라서 8번 칸까지 올라가는 방법은 34가지입니다.

6 파스칼의 삼각형

철학자이자 수학자인 파스칼은 '인간은 생각하는 갈대다.'라는 명언을 한 것으로 유명합니다. 파스칼은 고대 중국인이 만든 수 피라미드를 연구하여 수많은 규칙을 발견하였습니다. 그래서 이 수 피라미드를 파스칼의 삼각형이라 부릅니다.

	0행
	1행
1　2　1	2행
1　3　3　1	3행
1　4　6　4　1	4행
1　5　10　10　5　1	5행
1　6　15　20　15　6　1	6행
1　7　21　35　35　21　7　1	7행

파스칼의 삼각형의 맨 위쪽 가로줄부터 0행, 1행, 2행 ……이라고 할 때, 규칙을 찾아 7행의 ☐ 안에 알맞은 수를 써넣으시오.

파스칼의 삼각형을 보고 표의 빈칸에 알맞은 수를 써넣으시오.

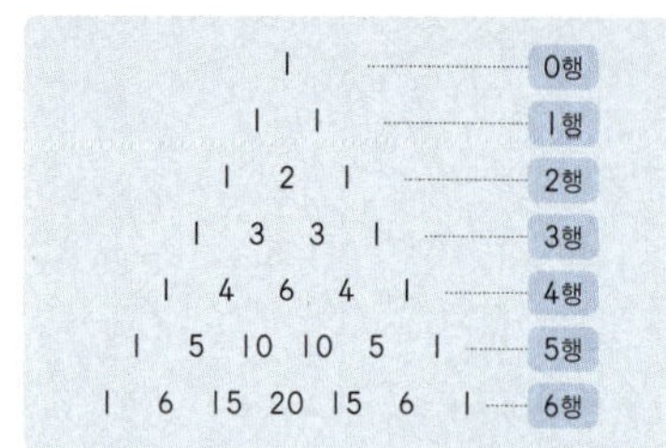

	0행
	1행
1　2　1	2행
1　3　3　1	3행
1　4　6　4　1	4행
1　5　10　10　5　1	5행
1　6　15　20　15　6　1	6행

4행에 있는 수의 개수	5	3행의 3번째 수	3
5행에 있는 수의 개수	6	6행의 6번째 수	6
8행에 있는 수의 개수	9	9행의 9번째 수	9

토크 포인트

수를 다음과 같은 규칙에 따라 삼각형 모양으로 배열한 것을 파스칼의 삼각형이라고 합니다. 파스칼의 삼각형에서는 여러 가지 규칙을 찾을 수 있습니다.

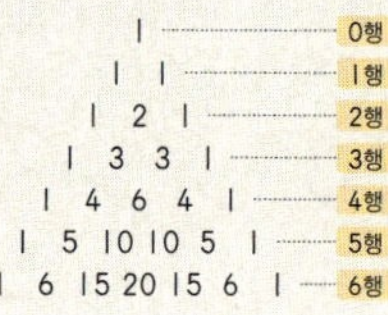

	0행
	1행
1　2　1	2행
1　3　3　1	3행
1　4　6　4　1	4행
1　5　10　10　5　1	5행
1　6　15　20　15　6　1	6행

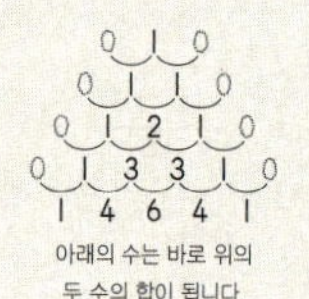

아래의 수는 바로 위의 두 수의 합이 됩니다.

🛡 파스칼의 삼각형 규칙

파스칼의 삼각형에서 여러 가지 규칙을 찾아봅시다.

❶ 파스칼의 삼각형에서 같은 행에 있는 수의 합을 각각 구하시오.

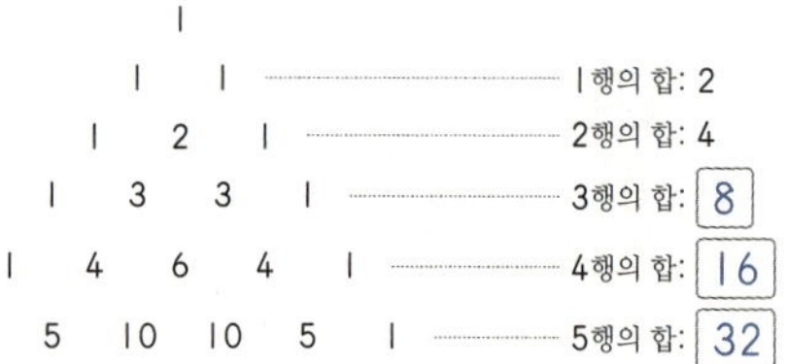

	1행의 합: 2
1　1	2행의 합: 4
1　2　1	3행의 합: 8
1　3　3　1	4행의 합: 16
1　4　6　4　1	5행의 합: 32
1　5　10　10　5　1	

❷ 각 행에 있는 수의 합에서 규칙을 찾아 표를 완성하시오.

행	1	2	3	4	5	6	7	8	……
수의 합	2	4	8	16	32	64	128	256	……

2배씩 커지는 규칙입니다.

❸ 파스칼의 삼각형에서 다음과 같은 모양으로 수를 묶을 때, 규칙을 찾아 ☐ 안에 알맞은 수를 써넣으시오.

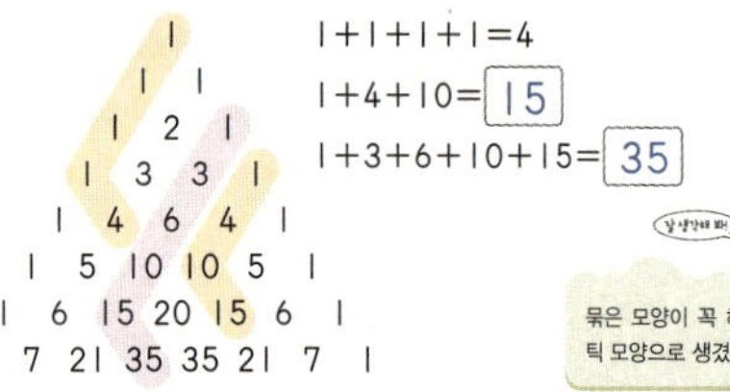

$1+1+1+1=4$

$1+4+10=15$

$1+3+6+10+15=35$

[묶은 수의 합]

1 파스칼의 삼각형에서 가, 나, 다 묶음에 있는 수의 합을 각각 구하시오.

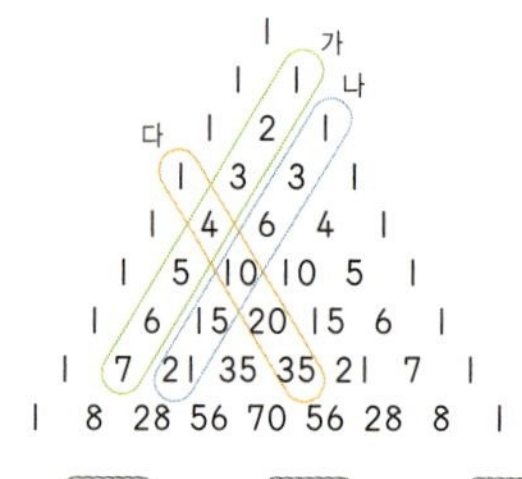

가: 28　　나: 56　　다: 70

[파스칼의 삼각형과 수열]

2 파스칼의 삼각형에서 그림과 같이 묶은 수의 합을 수열로 나타낸 것입니다. ☐ 안에 알맞은 수를 써넣으시오.

1, 1, 2, 3, 5, 8, 13, 21, 34, 55

앞 두 수의 합이 다음 수가 되는 피보나치 수열입니다.

파스칼의 삼각형 활용

다음과 같은 모양에서 공을 떨어뜨렸을 때, 공이 중간의 여러 지점과 각 층까지 내려가는 서로 다른 방법의 가짓수를 알아봅시다.

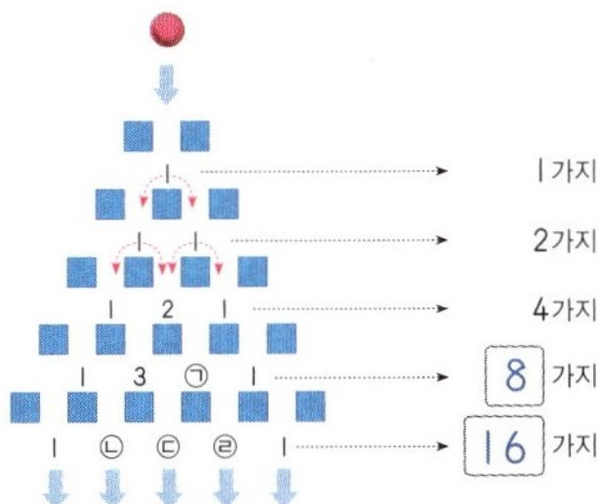

❶ 공이 어떤 지점까지 내려가는 방법의 가짓수는 그 위의 두 지점까지 내려가는 방법의 가짓수의 합과 같습니다. ㉠, ㉡, ㉢, ㉣의 위치까지 공이 내려가는 서로 다른 방법은 각각 몇 가지인지 구하시오.

㉠: 3   ㉡: 4   ㉢: 6   ㉣: 4
$2+1=3$ $1+3=4$ $3+㉠$ $㉠+1$
$=3+3$ $=3+1$
$=6$ $=4$

❷ 공이 각 층의 모든 지점까지 내려가는 방법의 가짓수의 합을 구하여 위의 ☐ 안에 알맞은 수를 써넣으시오.

[개미가 움직이는 방법]

1 개미가 맨 위에서 아래로 길을 따라 내려올 때, 가 지점으로 나올 수 있는 서로 다른 방법은 모두 몇 가지인지 구하시오. |0가지

[떨어지는 공의 개수]

2 다음과 같은 모양에 공을 넣으면 아래로 갈라지는 길에서 공은 왼쪽과 오른쪽으로 번갈아 하나씩 떨어진다고 합니다. 공 64개를 넣었을 때, ㉠으로 나오는 공은 몇 개인지 구하시오. 24개

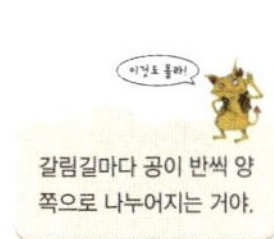

창의적 문제해결력

1 아인이가 말한 상자에 |을 넣고 나온 수를 다시 넣는 것을 반복하였습니다. 넣은 수를 |부터 차례대로 쓸 때, 29가 나오는 것은 몇 번째입니까? 29번째

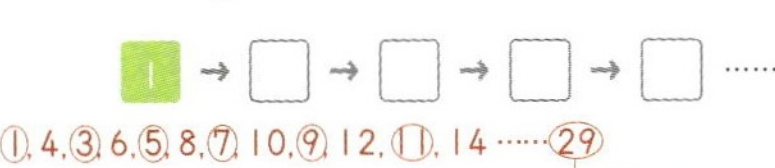

| → ☐ → ☐ → ☐ → ☐ → ......

①, 4, ③, 6, ⑤, 8, ⑦, 10, ⑨, 12, ⑪, 14 29
└ 29번째

2 피보나치 수열을 |00번째 수까지 썼을 때, 홀수와 짝수는 각각 몇 개인지 구하시오. 홀수 67개, 짝수 33개

|, |, 2, 3, 5, 8, |3, 21, 34, 55 ......

홀수와 짝수가 반복되는 패턴을 찾아봅니다.
홀수, 홀수, 짝수 / 홀수, 홀수, 짝수 / 홀수, 홀수, 짝수 / ……
100번째 수까지 세 수씩 묶으면 33묶음과 하나의 수가 남습니다. 한 묶음마다 홀수가 2개씩 있고, 남은 하나의 수는 홀수이므로 홀수는 모두 $33×2+1=67$(개)입니다.

♀ 동영상 특강
QR 코드를 찍어 보세요!!!

3 한 변이 |cm인 정사각형에 다음과 같이 정사각형을 |개씩 더 이어 붙여서 직사각형을 만들 때, 8번째 직사각형의 네 변의 길이의 합을 구하시오. ||0cm

	1	2	3	4	5	6	7	8
가로	1	1	3	3	8	8	21	21
세로	1	2	2	5	5	13	13	34

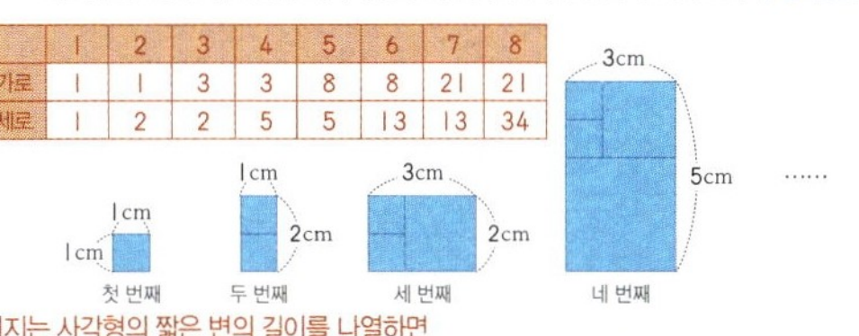

만들어지는 사각형의 짧은 변의 길이를 나열하면
|, |, 2, 3, 5, 8, |3, 21 ……로 피보나치 수열이고, 긴 변의 길이는 짧은 변 길이 수열의 다음 수입니다.
따라서 8번째 직사각형은 네 변의 길이가 각각 21cm, 21cm, 34cm, 34cm이므로 네 변의 길이의 합은 ||0cm입니다.

4 파스칼의 삼각형에서 같은 행에 있는 수의 합이 |024인 행은 몇 행인지 구하시오. |0행

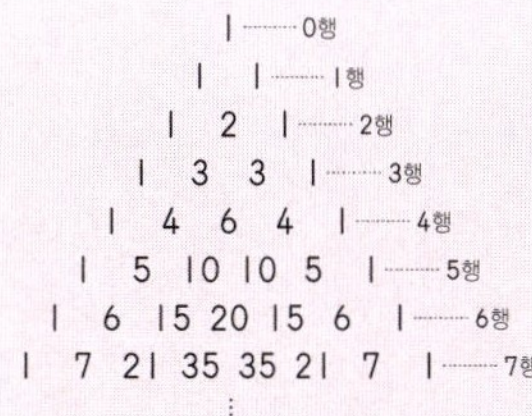

|행부터 각 행에 있는 수의 합을 구하면 2배씩 커집니다. |024는 2를 |0번 곱한 수이므로 |0행에 있는 수의 합이 |024가 됩니다.

정답 및 해설 **11**

7 바둑돌 규칙

지혜의 수호자인 대마법사 멀린은 아이들의 지혜를 깨치는 바둑돌을 던졌습니다.

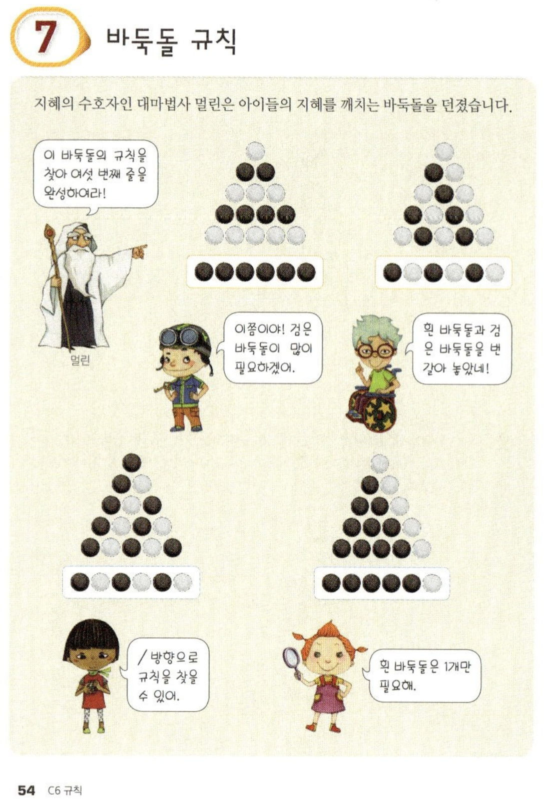

규칙을 찾아 ☐ 안에 놓은 바둑돌 중 검은 바둑돌인 것에 색칠하시오.

검은 바둑돌의 수는 4개로 변하지 않습니다.

검은 바둑돌과 흰 바둑돌을 번갈아 가며 2개씩 놓습니다.

노크 포인트

일정한 규칙으로 늘어놓은 바둑돌에서 검은 바둑돌과 흰 바둑돌이 늘어나는 규칙을 찾을 수 있습니다.

검은 바둑돌은 위, 아래에 각각 2개에서 1개씩 늘어나고, 흰 바둑돌은 가운데 1개에서 1개씩 늘어납니다.

규칙을 찾으면 직접 바둑돌을 놓지 않고도 몇 번째에 놓는 검은 바둑돌과 흰 바둑돌의 수를 알 수 있습니다.

●● ······ ●● → 21개
○○ ······ ○○ → 20개
●● ······ ●● → 21개

20번째에 놓는 검은 바둑돌과 흰 바둑돌의 수

누가 더 많이 놓을까?

수학 요정은 흰 바둑돌을, 꼬마 요괴는 검은 바둑돌을 가지고 있습니다. 다음과 같은 규칙으로 바둑돌을 놓을 때, 꼬마 요괴가 수학 요정보다 더 많은 바둑돌을 놓는 것은 몇 번째 모양부터인지 알아봅시다.

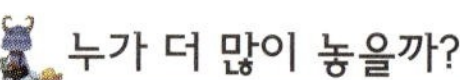

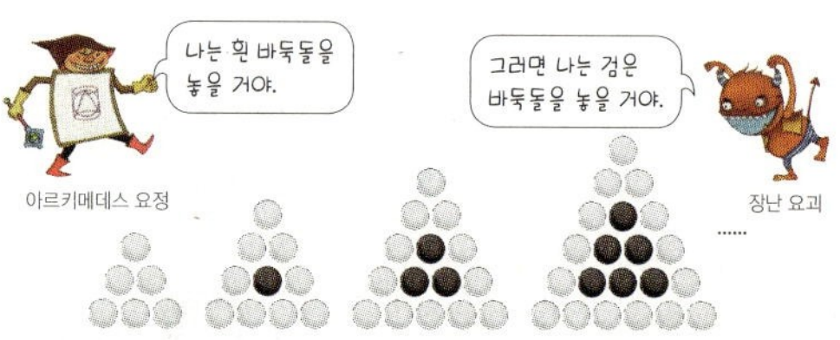

❶ 수학 요정과 꼬마 요괴가 놓은 바둑돌의 수를 각각 세어 보시오.

모양	첫 번째	두 번째	세 번째	네 번째
수학 요정	6 3×2	9 3×3	12 3×4	15 3×5
꼬마 요괴	0	1	3	6

+1　+2　+3

❷ 규칙을 찾아 여덟 번째 모양까지 수학 요정과 꼬마 요괴가 놓아야 하는 바둑돌의 수를 표에 써넣으시오.

모양	다섯 번째	여섯 번째	일곱 번째	여덟 번째
수학 요정	18 3×6	21 3×7	24 3×8	27 3×9
꼬마 요괴	10	15	21	28

+5　+6　+7

❸ 처음으로 꼬마 요괴가 수학 요정보다 바둑돌을 더 많이 놓게 되는 것은 몇 번째 모양부터입니까? 여덟 번째

[10번째 바둑돌]

1 검은 바둑돌과 흰 바둑돌을 규칙적으로 놓았습니다. 10번째 모양에서 두 바둑돌의 수를 각각 구하시오.

흰 바둑돌: 38 개, 검은 바둑돌: 10 개

흰 바둑돌은 2개, 6개, 10개, 14개 ……로 4개씩 늘어나고,
검은 바둑돌은 1개, 2개, 3개, 4개 ……로 1개씩 늘어납니다.

[흰 바둑돌의 수]

2 규칙적으로 흰 바둑돌과 검은 바둑돌을 늘어놓았습니다. 바둑돌의 수가 모두 100개인 모양에서 흰 바둑돌의 수를 구하시오. 68개

바둑돌이 모두 100개인 모양은 8번째 모양입니다.
8번째 모양에 있는 흰 바둑돌은 8×8+4=68(개)입니다.

번갈아 놓은 바둑돌

58
59

다음과 같은 규칙으로 바둑돌을 놓을 때, 24번째 모양에서 두 바둑돌 중 더 많은 바둑돌의 색깔과 수를 구해 봅시다.

❶ 두 바둑돌을 놓은 모양을 보고 표를 완성하시오.

모양	첫 번째	두 번째	세 번째	네 번째	다섯 번째	여섯 번째	일곱 번째	여덟 번째
흰 바둑돌	×	3	×	7	×	11	×	15
검은 바둑돌	1	×	5	×	9	×	13	×

❷ 짝수 번째까지 놓은 흰 바둑돌과 검은 바둑돌의 수의 차를 구하고, 규칙을 찾아 빈칸에 써넣으시오.

모양	두 번째	네 번째	여섯 번째	여덟 번째
흰 바둑돌	3	10	21	36
검은 바둑돌	1	6	15	28
개수의 차	2	4	6	8

$+\boxed{2}\ +\boxed{2}\ +\boxed{2}$

❸ 24번째 모양에서 어떤 색 바둑돌이 몇 개 더 많습니까? 흰 바둑돌, 24개

2부터 2씩 커지는 수열을 이용하여 구합니다. 2, 4, 6, 8 …… 20, 22, 24

[늘어나는 바둑돌]

1 다음과 같은 규칙으로 바둑돌을 놓을 때, 흰 바둑돌이 검은 바둑돌보다 6개 더 많은 모양은 몇 번째입니까? 12번째

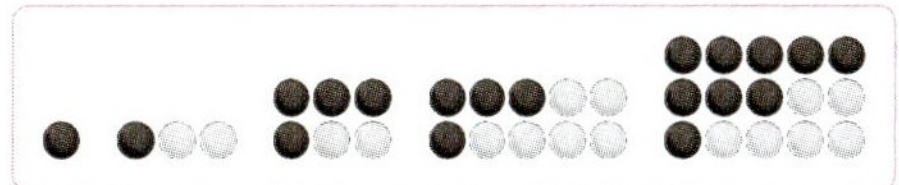

흰 바둑돌과 검은 바둑돌 수의 차를 구합니다.

모양	1번째	2번째	3번째	4번째	……	11번째	12번째
더 많은 바둑돌	검은색	흰색	검은색	흰색	……	검은색	흰색
개수의 차	1	1	2	2	……	6	6

[바둑돌 수의 차]

2 다음과 같은 규칙으로 바둑돌을 놓을 때, 100번째 모양에서 어떤 색 바둑돌이 몇 개 더 많은지 구하시오. 검은색, 100개

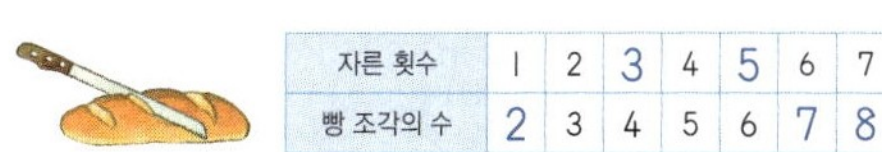

흰 바둑돌과 검은 바둑돌 수의 차를 구합니다.

모양	1번째	2번째	3번째	4번째	……	99번째	100번째
더 많은 바둑돌	흰색	검은색	흰색	검은색	……	흰색	검은색
개수의 차	1	2	3	4	……	99	100

8 여러 가지 규칙

60
61

꼬마 요괴들이 줄을 서서 S자 모양의 실을 한 번씩 자르고 있습니다.

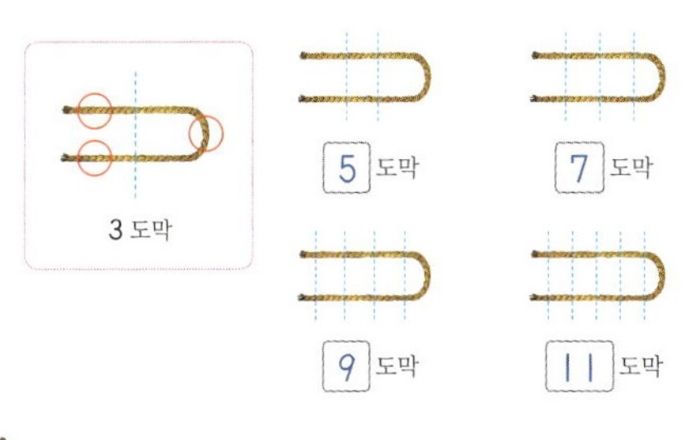

실을 자른 횟수에 따라 나누어지는 실 도막의 수를 구하여 표를 완성하시오.

자른 횟수	한 번	두 번	세 번	네 번	다섯 번	여섯 번
실 도막의 수	4	7	10	13	16	19

한 번 자를 때마다 실 도막의 수는 몇 도막씩 늘어납니까? 3도막

실을 22도막으로 만들려고 합니다. 몇 번 가위질을 해야 합니까? 일곱 번

여섯 번 자르면 실 도막은 19개이므로 일곱 번 잘라야 합니다.

⓵ 빵을 자르는 횟수와 이때 생기는 빵 조각의 수를 나타낸 표를 완성하시오.

자른 횟수	1	2	3	4	5	6	7
빵 조각의 수	2	3	4	5	6	7	8

⓶ 점선을 따라 밧줄을 잘랐을 때, 나누어지는 밧줄 도막의 수를 구하시오.

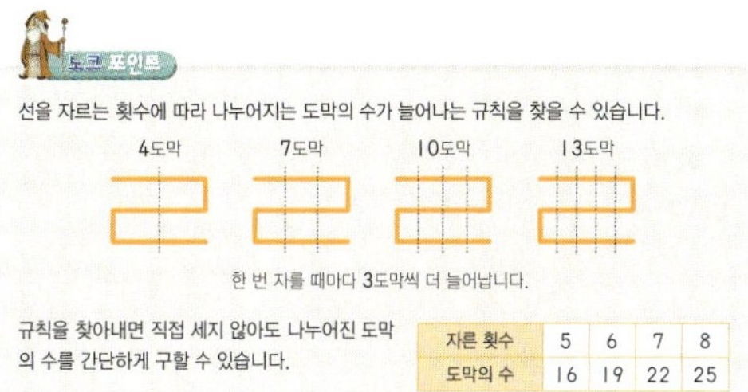

토크 포인트

선을 자르는 횟수에 따라 나누어지는 도막의 수가 늘어나는 규칙을 찾을 수 있습니다.

4도막 7도막 10도막 13도막

한 번 자를 때마다 3도막씩 더 늘어납니다.

규칙을 찾아내면 직접 세지 않아도 나누어진 도막의 수를 간단하게 구할 수 있습니다.

자른 횟수	5	6	7	8
도막의 수	16	19	22	25

압정의 수

초이네 반 학생 21명은 게시판에 각자 아기 때의 사진을 이어 붙이려고 합니다. 사진을 붙이는 규칙과 압정으로 꽂은 모양을 보고, 필요한 압정의 수를 구해 봅시다.

① 사진을 한 줄로 나란히 이어 붙입니다.
② 모든 사진의 네 귀퉁이에 모두 압정을 꽂습니다.
③ 이웃한 사진에 압정 2개를 꽂습니다.

❶ 사진이 한 장씩 늘어날 때, 필요한 압정의 수를 식으로 나타내고 구하시오.

- 사진이 1장일 때: 4개
- 사진이 2장일 때: $4+2=6$(개)
- 사진이 3장일 때: $4+\underset{2\times2}{2+2}=8$(개)
- 사진이 4장일 때: $4+\underset{2\times3}{2+2+2}=10$(개)
- 사진이 5장일 때: $4+\underset{2\times4}{2+2+2+2}=12$(개)
- 사진이 6장일 때: $4+\underset{2\times5}{2+2+2+2+2}=14$(개)

❷ 사진 21장을 한 줄로 나란히 이어 붙일 때, 필요한 압정의 수를 구하시오.
$4+2\times20=44$(개)　　44개

[육각형 식탁]

1 육각형 모양 식탁과 의자를 다음과 같이 계속 이어 붙여 38명이 앉을 수 있으려면 식탁은 모두 몇 개 필요합니까? 9개

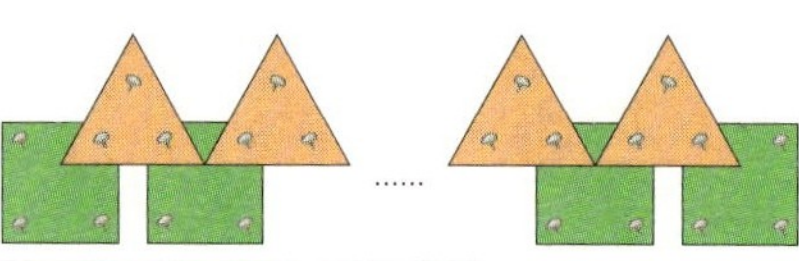

양 끝의 식탁에 앉을 수 있는 사람의 수가 10명, 중간에 식탁을 붙일 때마다 더 앉을 수 있는 사람은 4명입니다. 따라서 $10+4\times7=38$이므로 식탁은 모두 9개 필요합니다.

[압정의 수]

2 삼각형과 사각형 모양 종이를 다음과 같이 압정으로 이어 붙였습니다. 이어 붙인 사각형 종이가 10장일 때, 압정은 모두 몇 개 꽂았습니까? 49개

사각형 모양 종이에는 압정이 4개씩, 삼각형 모양 종이에는 압정이 1개씩 사용되었습니다. 이어 붙인 사각형 종이가 10장일 때 삼각형 종이는 9장이므로 사용한 압정은 모두 $4\times10+9=49$(개)입니다.

테이프 접기

종이 테이프를 절반씩 세로로 접었다 펼치면 다음과 같이 선이 생깁니다. 선이 모두 63개 생기려면 테이프를 몇 번 접어야 하는지 알아봅시다.

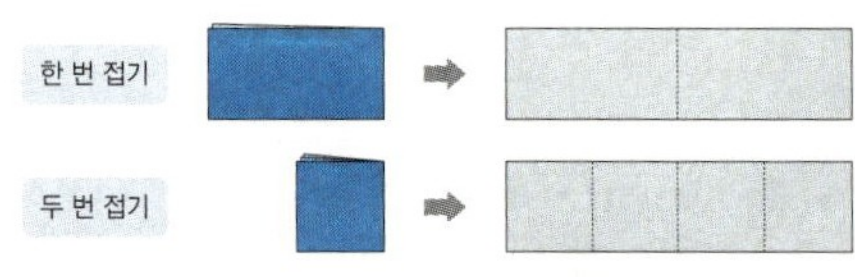

❶ 종이 테이프를 3번 접었다 펼쳤을 때 생기는 선을 그리시오.

❷ 테이프를 접은 횟수에 따라 생기는 선의 수를 나타내는 표를 완성하시오.

접는 횟수	1	2	3	4	5	……
선의 수	1	3	7	15	31	……

❸ 테이프를 접었다 펼쳤을 때 생기는 선이 63개가 되려면, 몇 번 접어야 합니까?
6번

접는 횟수에 따라 선의 수는 1, 3, 7, 15, 31, 63개가 되므로 6번 접어야 합니다.
　　　　　　　　　　+2 +4 +8 +16 +32

[두 테이프 접기]

1 가, 나 테이프를 각각 절반씩 반복하여 접었다 펼쳤을 때, 생기는 선을 세어 보니 두 테이프를 합쳐 모두 38개였습니다. 가 테이프를 접은 횟수가 3번일 때, 나 테이프는 몇 번 접어야 합니까? 5번

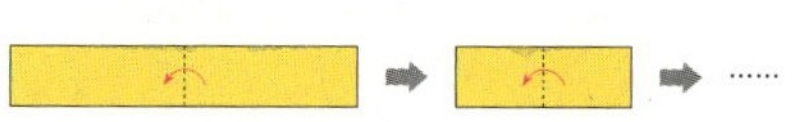

가 테이프를 3번 접었다 펼치면 선이 7개 생깁니다.
따라서 나 테이프를 접었다 펼쳐서 생기는 선은 $38-7=31$(개)이므로 5번 접어야 합니다.

[구멍 난 테이프]

2 긴 테이프를 절반씩 접으면서 접을 때마다 다음과 같이 구멍을 하나씩 뚫었습니다. 같은 방법으로 세 번 접어 구멍을 뚫고 테이프를 펼쳤을 때, 구멍은 모두 몇 개 만들어집니까? 14개

한 번 접을 때 구멍의 수: 2개
두 번 접을 때 구멍의 수: $2+4=6$(개)
세 번 접을 때 구멍의 수: $2+4+8=14$(개)

14　C6 규칙

9 도형수

옛날 수학자들은 점의 수를 규칙에 맞게 점점 늘리면서 도형을 그렸습니다.

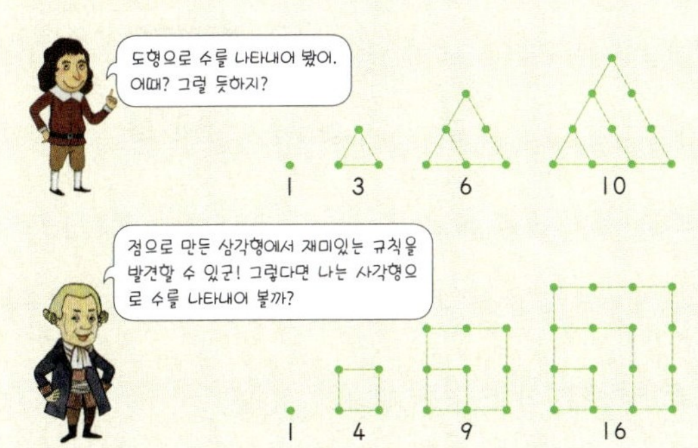

점으로 만든 삼각형과 사각형입니다. 규칙에 맞게 점을 한 번 더 늘릴 때의 모양을 그리고, 그 모양의 점의 수를 세어 보시오.

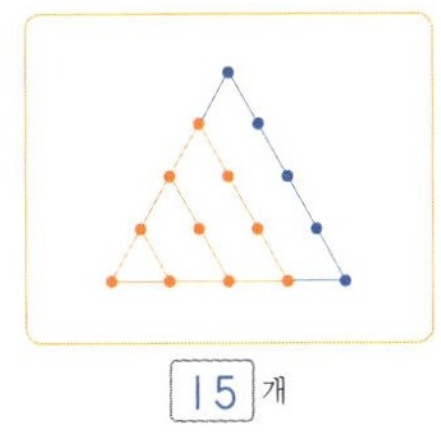
15 개

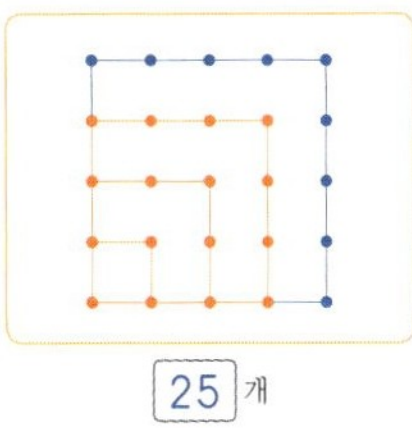
25 개

늘어나는 수의 규칙을 찾아 빈 곳에 알맞은 수를 쓰시오.

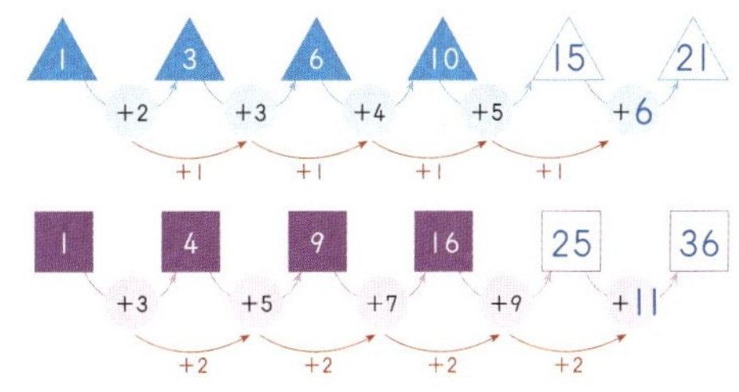

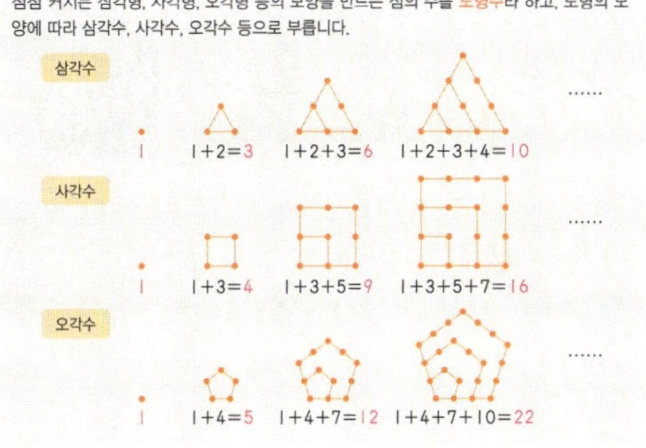

포인트

점점 커지는 삼각형, 사각형, 오각형 등의 모양을 만드는 점의 수를 **도형수**라 하고, 도형의 모양에 따라 삼각수, 사각수, 오각수 등으로 부릅니다.

삼각수
1   1+2=3   1+2+3=6   1+2+3+4=10   ......

사각수
1   1+3=4   1+3+5=9   1+3+5+7=16   ......

오각수
1   1+4=5   1+4+7=12   1+4+7+10=22   ......

🐗 도형수의 활용

다음과 같이 파란색 점을 일정한 규칙으로 늘어놓았습니다. ? 에 들어가는 파란색 점의 수를 구해 봅시다.

 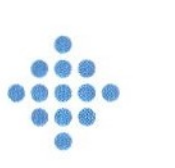     ?

❶ 다음은 파란색 점의 일부를 빨간색 점으로 바꾸어 나타낸 것입니다. 점의 수는 어떤 도형수와 같습니까? **사각수**

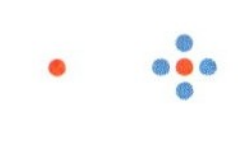 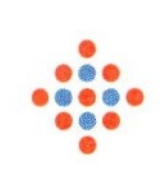 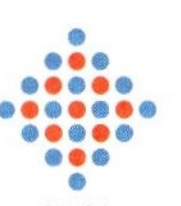    ?
1   1+4   4+9   9+16

❷ ❶의 ? 에 들어갈 파란색 점과 빨간색 점의 수를 각각 구하시오.

파란색 점의 수: 16 개   빨간색 점의 수: 25 개

❸ 파란색 점만 늘어놓은 규칙에서 ? 에 들어가는 점은 모두 몇 개입니까?

41개

16+25=41(개)

[삼각수의 규칙]

1 다음과 같은 규칙으로 삼각형이 늘어나고 있습니다. 여덟 번째 모양에서 색칠한 삼각형은 색칠하지 않은 삼각형보다 몇 개 더 많은지 구하시오. **8개**

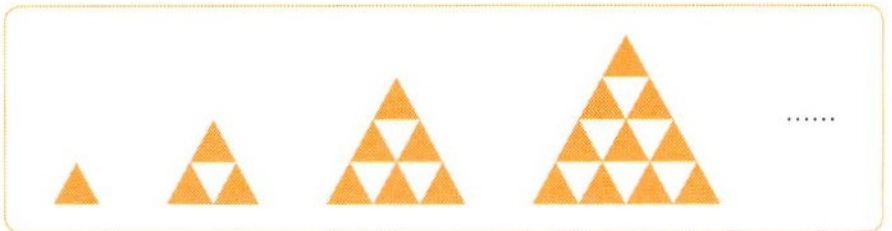

모양	1번째	2번째	3번째	4번째	5번째	6번째	7번째	8번째
▲	1	3	6	10	15	21	28	36
△	0	1	3	6	10	15	21	28
차	1	2	3	4	5	6	7	8

[삼각수와 사각수의 합]

2 다음 그림에서 규칙을 찾아 여섯 번째 모양에 있는 점의 수를 구하시오. **51개**

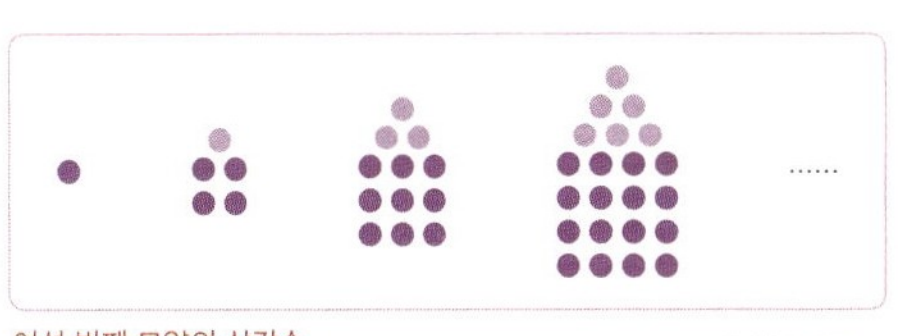

여섯 번째 모양의 삼각수
: 1+2+3+4+5=15(개)
여섯 번째 모양의 사각수
: 6×6=36(개)
→ 15+36=51(개)

정답 및 해설 **15**

🐻 연속하는 수의 합

70 · 71

색칠한 칸의 수를 이용하여 1부터 20까지의 수의 합을 구해 봅시다.

❶ 규칙을 찾아 마지막 모양을 알맞게 색칠하고, 색칠한 칸의 수를 나타내는 두 가지 식을 완성하시오.

식1) 1 1+2 1+2+3 1+2+3+4 1+2+3+4+ $\boxed{5}$

식2) 1×2÷2 2×3÷2 3×4÷2 4×5÷2 $\boxed{5}$ × $\boxed{6}$ ÷ $\boxed{2}$

식2는 색칠한 사각형의 수가 전체 사각형 수의 반인 것을 이용하여 구하는 것입니다.

❷ ❶에서 찾은 규칙으로 1부터 20까지의 수의 합을 구하시오.

$1+2+3+……+18+19+20=$ $\boxed{20}$ × $\boxed{21}$ ÷2= $\boxed{210}$

(연속하는 수의 합)=(끝 수)×{(끝 수)+1}÷2
연속하는 수가 짝수 개일 때는
(연속하는 수의 합)=(연속하는 수의 개수)×{(처음 수)+(끝 수)}÷2로 구할 수도 있습니다.

[연속하는 홀수의 합]

1 그림에서 늘어나는 칸의 수의 규칙을 찾아 다음을 계산하시오.

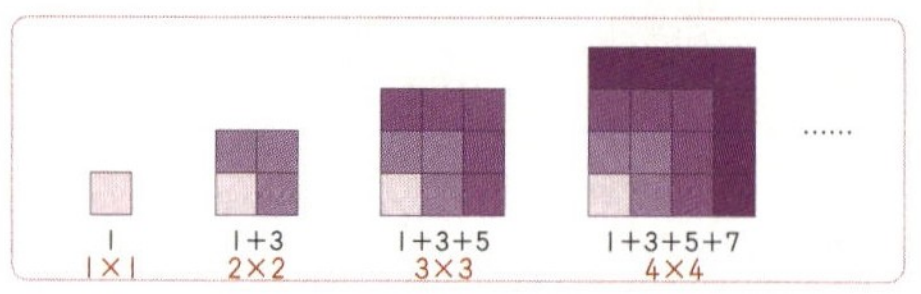

$1+3+5+7+9+11+13+15=$ $\boxed{8}$ × $\boxed{8}$ = $\boxed{64}$

(1부터 연속하는 홀수의 합)=(수의 개수)×(수의 개수)

[연속하는 짝수의 합]

2 다음 그림을 보고 1부터 50까지 짝수의 합을 구하시오.

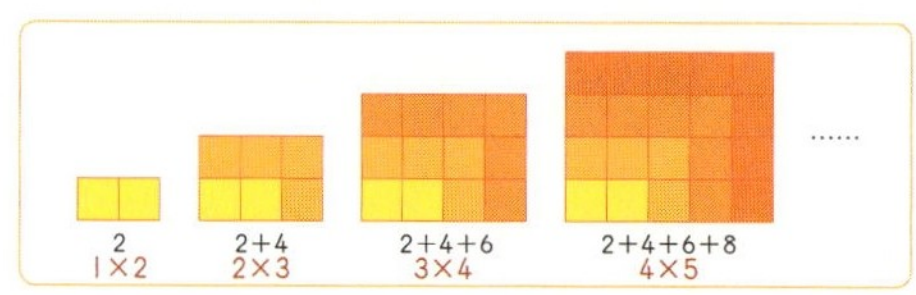

$2+4+6+……+46+48+50=$ $\boxed{25}$ × $\boxed{26}$ = $\boxed{650}$

(2부터 연속하는 짝수의 합)=(수의 개수)×{(수의 개수)+1}

1부터 50까지 수 중에서 짝수는 몇 개일까?

🐻 창의적 문제해결력

72 · 73

1 다음과 같이 흰 바둑돌과 검은 바둑돌을 일정한 규칙에 따라 놓았습니다. 검은 바둑돌이 100개인 모양에서 흰 바둑돌은 몇 개인지 구하시오. **20개**

10×10=100이므로 검은 바둑돌이 100개인 모양은 10번째입니다.
10번째 모양에서 흰 바둑돌은 10×2=20(개)입니다.

2 가위에 실을 감아서 한 번만 자르려고 합니다. 자른 실이 25도막이 되려면 실을 몇 번 감아야 합니까? **24번**

한 번 감았을 때   두 번 감았을 때   세 번 감았을 때
2도막   3도막   4도막
나누어지는 도막의 수는 감은 수보다 1 큽니다.

---

3 다음은 색종이를 가로 또는 세로로 접었다 펼친 것을 접은 선을 따라 모두 잘랐을 때, 4조각으로 나누어지는 3가지 방법입니다.

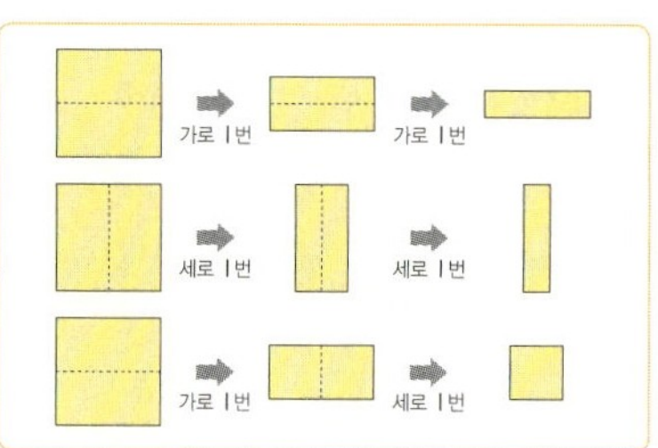

색종이가 8조각으로 나누어지도록 접는 방법은 모두 몇 가지입니까? (단, 순서와 관계없이 가로와 세로로 접는 횟수가 각각 같으면 1가지 방법으로 봅니다.) **4가지**

① 가로 3번, ② 가로 2번, 세로 1번, ③ 가로 1번, 세로 2번, ④ 세로 3번

4 다음을 각각 계산하시오.

1부터 99까지 홀수의 합	2부터 100까지 짝수의 합
2500	2550
50×50=2500	50×51=2550

10 기호 약속

꼬마 요괴 나라에서는 이상한 연산 기호(※)를 사용합니다.

태경이와 아인이도 이상한 연산을 합니다.

태경이의 답은 모두 틀렸고, 아인이의 답은 모두 맞았습니다.
태경이의 답을 바르게 고쳐 보시오. 0※2=2, 3※2=11

연산 기호 ※의 규칙을 ㉠, ㉡과 +, −, ×, ÷를 사용한 식으로 나타내시오.

㉠※㉡=　　　㉠×㉠+㉡

기호 ▲를 '가▲나=가+나+1'과 같이 계산하기로 약속하였습니다. □ 안에 알맞은 수를 써넣으시오.

$3▲4 = \boxed{8}$　　　$12▲8 = \boxed{21}$
$3+4+1=8$　　　$12+8+1=21$

기호 ◆는 규칙이 있는 연산 약속입니다. 연산 규칙에 맞게 12◆4를 계산하시오. 8

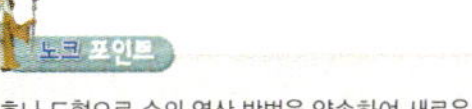

$7◆5=2$　　　$6◆9=3$
$13◆3=10$　　　$25◆16=9$
$1◆2=1$　　　$9◆9=0$

◆는 큰 수에서 작은 수를 빼는 규칙입니다.

도킹 포인트

기호나 도형으로 수의 연산 방법을 약속하여 새로운 연산 규칙을 만들 수 있습니다.

㉠&㉡=㉠×㉡−㉠　　　$7\&5=7×5-7=28$

➡ &는 두 수를 곱한 다음 앞의 수를 뺍니다.　$1\&15=1×15-1=14$

연산 약속 기호를 사용한 계산식을 통해 기호의 연산 약속을 알아낼 수 있습니다.

$6★3=15$　　　$1★2=4$　　　$5★3=13$
$9★2=20$　　　$4★4=12$　　　$8★7=23$

➡ ★는 앞의 수에 2를 곱한 다음 뒤의 수를 더합니다.

연산 기호 약속

다음은 어떤 연산 약속의 규칙을 나타낸 것입니다. 규칙을 찾아 가, 나에 알맞은 수를 구해 봅시다.

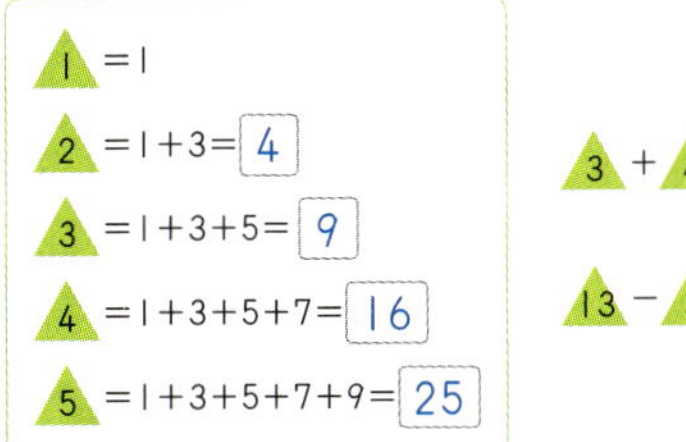

△1 = 1
△2 = 1+3 = 4
△3 = 1+3+5 = 9
△4 = 1+3+5+7 = 16
△5 = 1+3+5+7+9 = 25

△3 + △4 = △가
△13 − △5 = △나

❶ 위의 □ 안에 알맞은 계산 결과를 써넣으시오.

❷ △3, △4, △5 를 똑같은 두 수의 곱셈식으로 나타내려고 합니다. □ 안에 알맞은 수를 써넣고, △13 을 계산하시오.

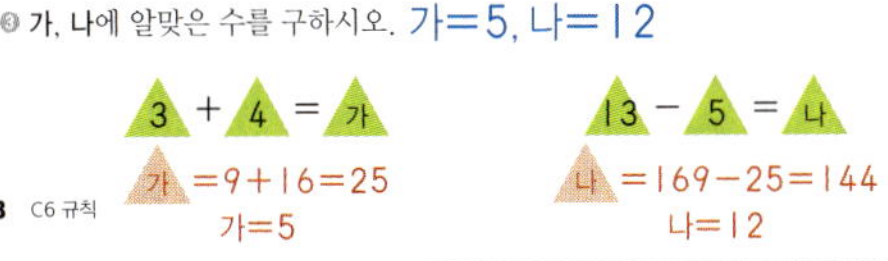

$△3 = \boxed{3}×\boxed{3}$　　$△4 = \boxed{4}×\boxed{4}$　　$△5 = \boxed{5}×\boxed{5}$

$△13 = \boxed{169}$

❸ 가, 나에 알맞은 수를 구하시오. 가=5, 나=12

△3 + △4 = △가　　　△13 − △5 = △나
가 =9+16=25　　　나 =169−25=144
가=5　　　나=12

[연산 기호의 약속]

1 ㉠◇㉡을 ㉠에서 ㉡을 더 이상 뺄 수 없을 때까지 빼고 남은 수로 약속할 때, 계산 결과가 다른 하나의 기호를 쓰시오. ㉣

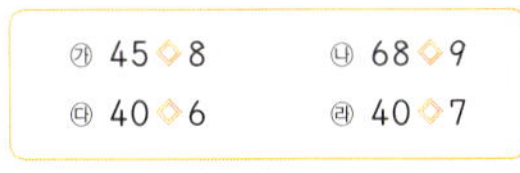

㉮ 45◇8　　㉯ 68◇9
㉰ 40◇6　　㉱ 40◇7

㉮ $45÷8=5\cdots5$
㉯ $68÷9=7\cdots5$
㉰ $40÷6=6\cdots4$
㉱ $40÷7=5\cdots5$

[여러 번 계산하기]

2 기호의 약속을 보고 □ 안에 알맞은 수를 쓰시오.

약속
▤ : 2배를 합니다.
▥ : 반으로 나눕니다.
◺ : 5를 더합니다.
▧ : 5를 뺍니다.

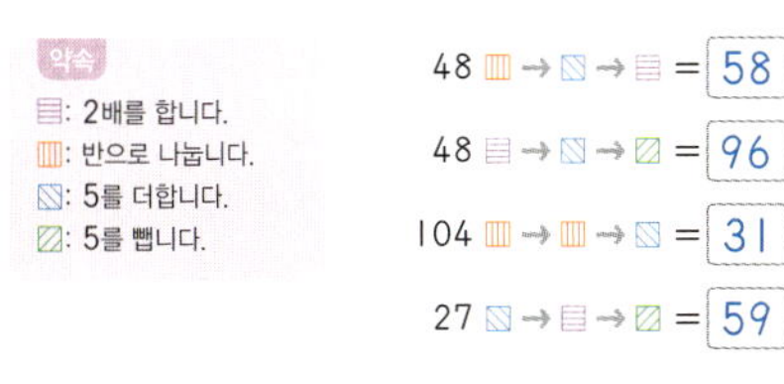

$48 \ ▥ → ◺ → ▤ = \boxed{58}$
$48 \ ▤ → ◺ → ▤ = \boxed{96}$
$104 \ ▥ → ▥ → ◺ = \boxed{31}$
$27 \ ◺ → ▤ → ▧ = \boxed{59}$

비밀번호 규칙

초이네 집 가족들은 다음 규칙으로 계산한 결과를 현관문 비밀번호로 사용합니다.

$$2354♥3=5687 \qquad 3143♥5=8698$$
$$1794♥6=7350 \qquad 1831♥7=8508$$

초이네 집의 비밀번호를 알아봅시다.

❶ 다음을 보고 기호 ♥의 규칙을 찾아보시오.

앞의 네 자리 수의 각 자리 숫자에 뒤의 수를 더했습니다.

$$2354♥3=5687$$
$$3143♥5=8698$$

❷ 다음은 더해서 10이 넘으면 일의 자리 숫자만 나타낸 것입니다.

$$1794♥6=7350 \qquad 1831♥7=8508$$

초이네 집의 비밀번호를 구하시오.

$$5799♥7= \boxed{2466}$$

---

1 다음은 연산 기호 ▽의 약속에 따라 계산한 것입니다. 계산 결과를 보고 규칙에 맞게 16▽15를 계산하시오. 17

$$4▽7=1 \qquad 9▽8=10$$
$$9▽12=6 \qquad 6▽1=11$$
$$10▽11=9 \qquad 7▽10=4$$

$$㉠▽㉡=㉠×2-㉡$$
$$16▽15=16×2-15=17$$

2 연산 기호 ◉와 ☺의 약속에 따라 계산한 것입니다. 계산한 결과를 보고 규칙에 맞게 (6◉12)☺7을 계산하시오. 75

$$3◉8=15 \qquad 3☺6=27$$
$$7◉9=6 \qquad 2☺8=30$$
$$6◉1=15 \qquad 5☺1=18$$
$$4◉4=0 \qquad 8☺0=24$$

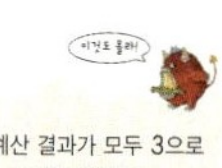

◉은 큰 수에서 작은 수를 뺀 다음 3을 곱하는 규칙입니다.
☺은 두 수를 더한 다음 3을 곱하는 규칙입니다.
$$6◉12=(12-6)×3=18$$
$$18☺7=(18+7)×3=75$$

---

(11) 도형 약속

거꾸로 요괴가 지오, 아인, 태경이에게 책에서 오려낸 종이 2조각을 가져와 보여 주었습니다.

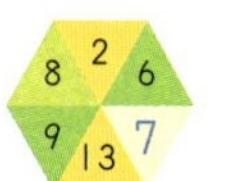

규칙을 찾아 오른쪽 표의 구멍 뚫린 곳에 들어갈 수를 쓰시오. **28**

	3×6	4×6	5×6
3×7	18	24	30
4×7	21	4×7	35	5×7
4×8	24	32	40	5×8

거꾸로 요괴가 자른 표는 무엇을 나타낸 표입니까? **곱셈구구표**

오른쪽 표의 빈칸에 알맞은 수를 써넣으시오.

	8×7=56
7×7=49	49 / 56
7×8=56	56 / 64
	8×8=64

---

① 규칙을 찾아 빈 곳에 알맞은 수를 쓰시오.

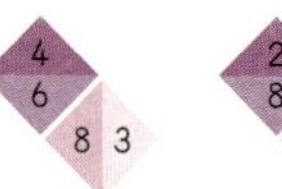

마주 보는 두 수의 합이 각각 같습니다.

② 규칙에 맞게 도형 안에 수를 써넣은 것입니다. 마지막 도형의 빈 곳에 알맞은 수를 쓰시오.

사각형 안의 두 수의 곱이 서로 같습니다.

도구 포인트

도형을 이용한 여러 가지 연산 약속을 만들 수 있습니다.

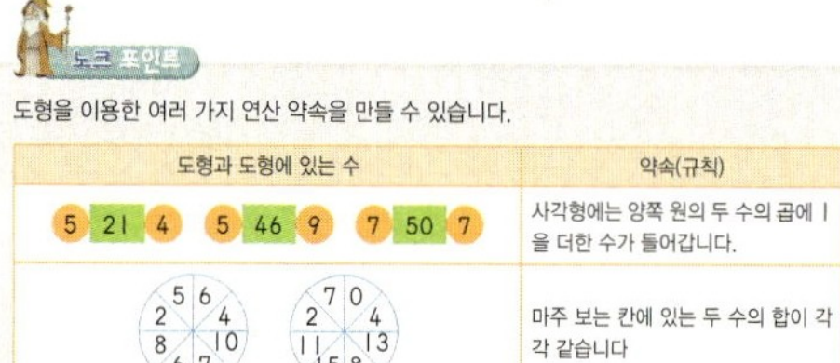

도형과 도형에 있는 수	약속(규칙)
5 21 4 5 46 9 7 50 7	사각형에는 양쪽 원의 두 수의 곱에 1을 더한 수가 들어갑니다.
(원) 5 6 / 2 4 / 8 10 / 6 7 ... (원) 7 0 / 2 4 / 11 13 / 15 8	마주 보는 칸에 있는 두 수의 합이 각각 같습니다

18 C6 규칙

도형 위의 수

84
85

사각형과 원 위에 있는 수의 규칙을 알아봅시다.

❶ 규칙을 찾아 □ 안에 알맞은 수를 써넣으시오.

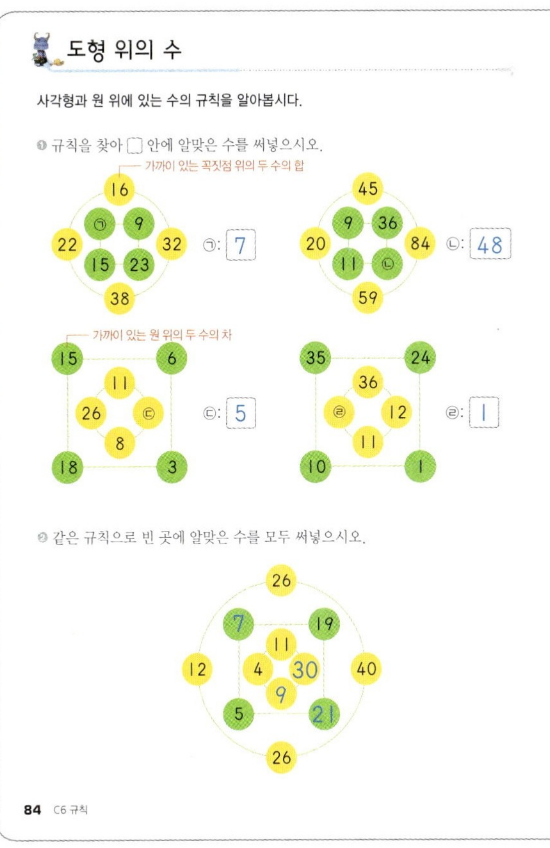

❷ 같은 규칙으로 빈 곳에 알맞은 수를 모두 써넣으시오.

[도형 안의 수]

1 규칙을 찾아 빈 곳에 알맞은 수를 써넣으시오.

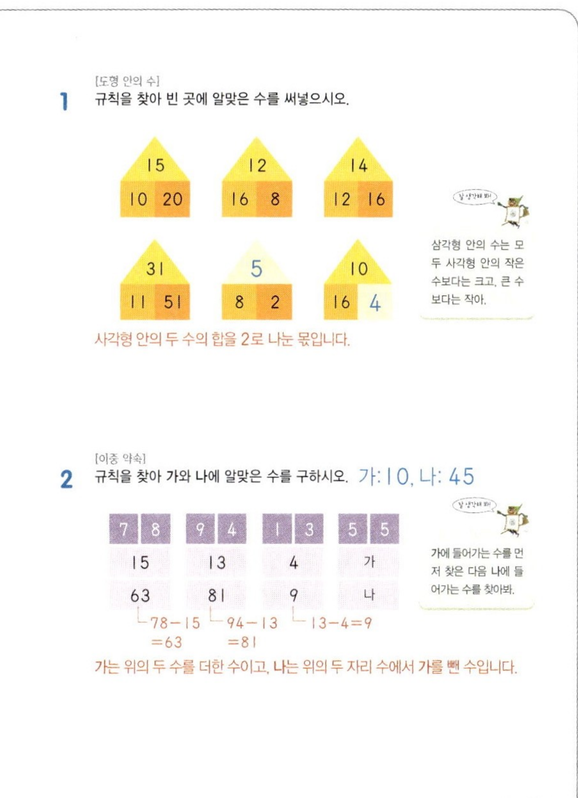

사각형 안의 두 수의 합을 2로 나눈 몫입니다.

[이중 약속]

2 규칙을 찾아 가와 나에 알맞은 수를 구하시오. 가: 10, 나: 45

7	8	9	4	1	3	5	5
15		13		4		가	
63		81		9		나	

└ 78−15 └ 94−13 └ 13−4=9
=63 =81

가는 위의 두 수를 더한 수이고, 나는 위의 두 자리 수에서 가를 뺀 수입니다.

수 피라미드

86
87

다음 모양 안에 있는 수의 규칙을 찾아, 피라미드에 들어가는 수를 알아봅시다.

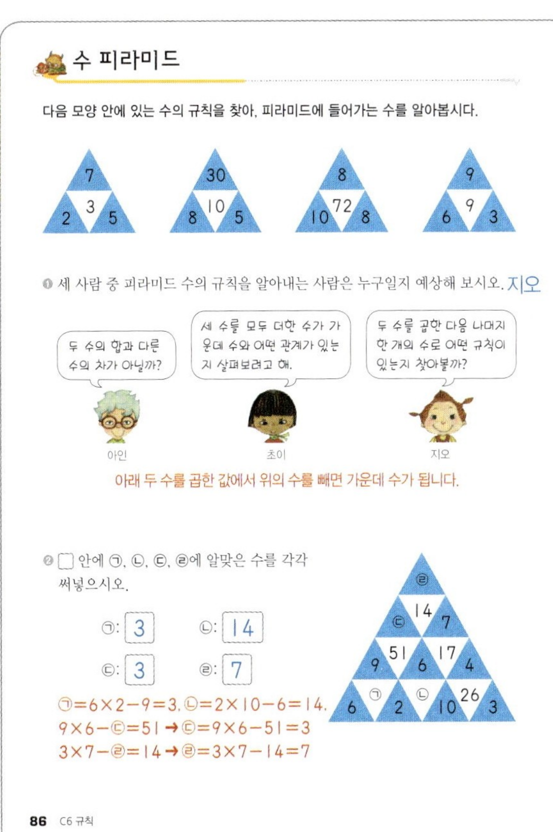

❶ 세 사람 중 피라미드 수의 규칙을 알아내는 사람은 누구일지 예상해 보시오. 지오

아래 두 수를 곱한 값에서 위의 수를 빼면 가운데 수가 됩니다.

❷ □ 안에 ㉠, ㉡, ㉢, ㉣에 알맞은 수를 각각 써넣으시오.

㉠: 3 ㉡: 14

㉢: 3 ㉣: 7

㉠=6×2−9=3. ㉡=2×10−6=14.
9×6−㉢=51 → ㉢=9×6−51=3
3×7−㉣=14 → ㉣=3×7−14=7

[다른 규칙 찾기]

1 다음 중 수가 놓인 규칙이 다른 하나의 기호를 쓰시오. 다

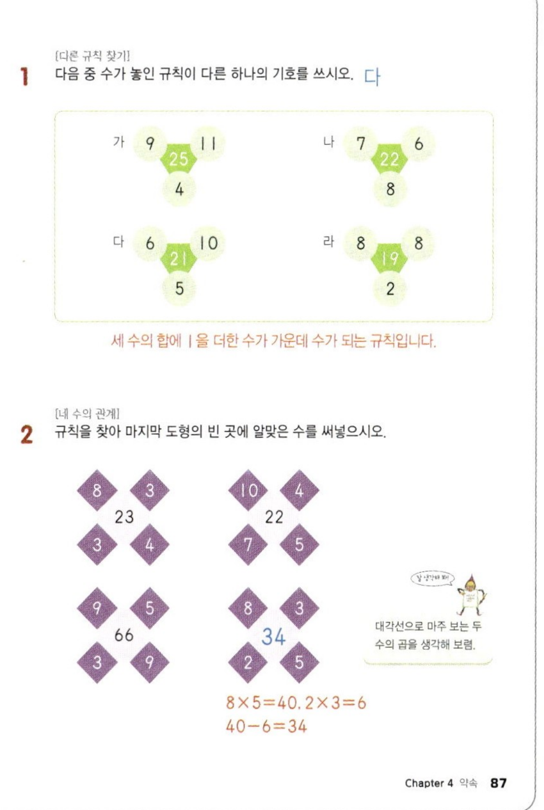

세 수의 합에 1을 더한 수가 가운데 수가 되는 규칙입니다.

[네 수의 관계]

2 규칙을 찾아 마지막 도형의 빈 곳에 알맞은 수를 써넣으시오.

8×5=40. 2×3=6
40−6=34

정답 및 해설 **19**

12 도형이 나타내는 수

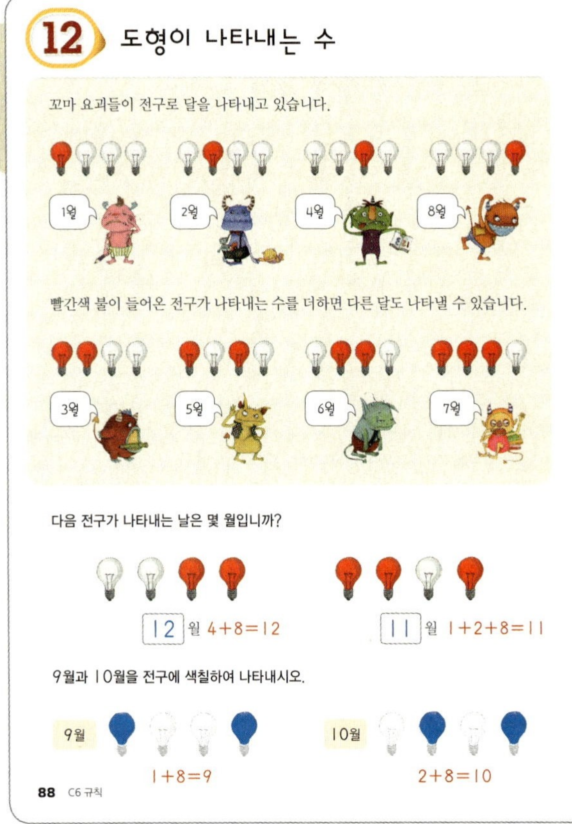

다음 전구가 나타내는 날은 몇 월입니까?

12 월 4+8=12   11 월 1+2+8=11

9월과 10월을 전구에 색칠하여 나타내시오.

9월   1+8=9   10월   2+8=10

1부터 8까지의 수를 규칙을 정하여 나타낸 것입니다. 규칙을 찾아 12와 15를 알맞게 색칠하시오.

1		2		1 2		4
1		2		3		4

1 4		2 4		1 2 4		8
5		6		7		8

12:            15:

각 칸이 나타내는 수: 1 2 4 8

쿵쿵 포인트

도형이 나타내는 수의 규칙을 정할 수 있습니다.

| | 1 | | 2 | | 3 | | 4 | | 5 | | 6 |

| | 7 | | 8 | | 9 | | 10 | | 11 | | 12 |

1, 2, 4, 8, 16, 32 ……의 순서로 한 칸씩 수를 나타낼 수 있습니다. 위의 도형에는 64를 나타낼 칸이 없으므로 1부터 63까지의 수만 나타낼 수 있습니다.

도형이 나타내는 수에서 각 칸이 나타내는 수를 찾아내면 다른 도형이 나타내는 수도 알아낼 수 있습니다.

2	8	32		2	8	32		2	8	32
1	4	16		1	4	16		1	4	16
20				27				45		

각 칸이 나타내는 수

다음과 같이 바둑돌을 이용하여 수를 나타낼 수 있습니다. 물음에 답하시오.

1	2	4	8	16	32

⬤ ○ ⬤ ○ ○ ⬤ ➡ 1+4+32=37
○ ⬤ ○ ⬤ ⬤ ○ ➡ 2+8+16=26

❶ 바둑돌로 나타낼 수 있는 가장 큰 수는 얼마입니까? 63
1+2+4+8+16+32=63

❷ ☐ 안에 바둑돌을 놓은 모양이 나타내는 수를 쓰시오.

○ ○ ⬤ ⬤ ⬤ ○ ➡ 28
⬤ ⬤ ○ ⬤ ⬤ ○ ➡ 27
4+8+16=28
1+2+8+16=27

❸ 규칙에 맞게 수를 바둑돌로 나타내려고 합니다. 검은 바둑돌인 것에 색칠하시오.

15 ➡ ⬤ ⬤ ⬤ ⬤ ○ ○
36 ➡ ○ ○ ⬤ ○ ○ ⬤
55 ➡ ⬤ ⬤ ⬤ ○ ⬤ ⬤

15=1+2+4+8
36=4+32
55=1+2+4+16+32

[도형이 나타내는 수]

1 다음은 규칙에 따라 수를 나타낸 것입니다. 마지막 모양이 54를 나타내도록 규칙에 맞게 ⬤를 그려 넣으시오.

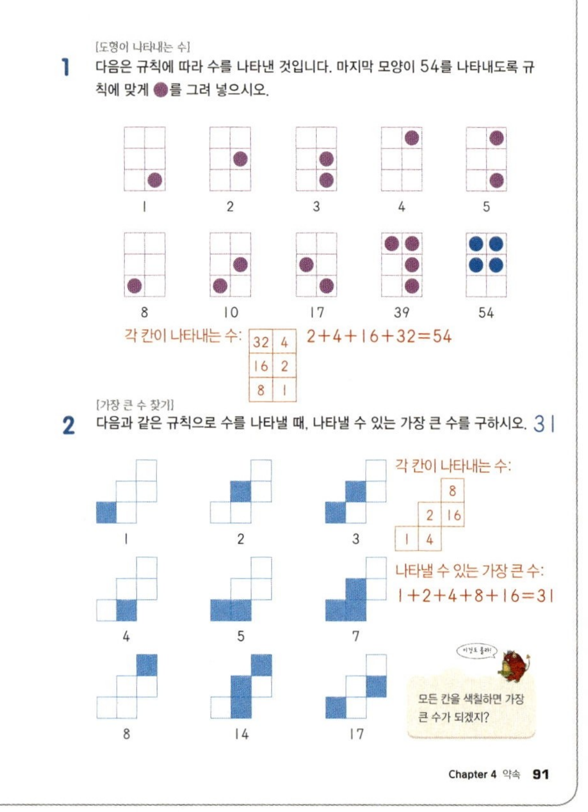

1   2   3   4   5

8   10   17   39   54

각 칸이 나타내는 수:

32	4
16	2
8	1

2+4+16+32=54

[가장 큰 수 찾기]

2 다음과 같은 규칙으로 수를 나타낼 때, 나타낼 수 있는 가장 큰 수를 구하시오. 31

1   2   3

4   5   7

8   14   17

각 칸이 나타내는 수:

	8
2	16
1	4

나타낼 수 있는 가장 큰 수:
1+2+4+8+16=31

모든 칸을 색칠하면 가장 큰 수가 되겠지?

---

20 C6 규칙

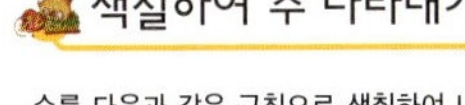 색칠하여 수 나타내기

92 93

수를 다음과 같은 규칙으로 색칠하여 나타낼 때, 모양이 나타내는 수를 구하고, 수를 알맞게 색칠해 봅시다.

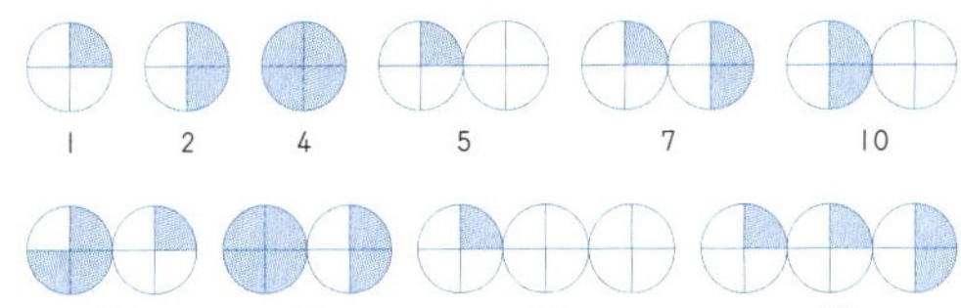

❶ ☐ 안에 다음 모양이 나타내는 수를 써넣으시오.

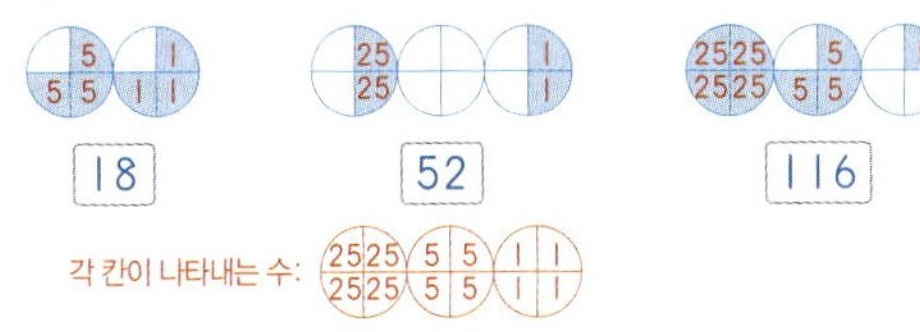

18   **52**   **116**

각 칸이 나타내는 수: 25 25 5 5 1 1 / 25 25 5 5 1 1

❷ ☐ 안의 수를 알맞게 색칠하여 나타내시오.

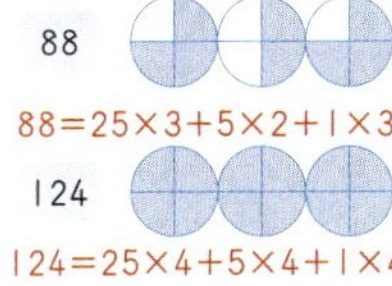

88

$88=25\times3+5\times2+1\times3$

124

$124=25\times4+5\times4+1\times4$

[규칙 찾아 색칠하기]

1 도형이 나타내는 수의 규칙을 찾아 47을 알맞게 나타내시오.

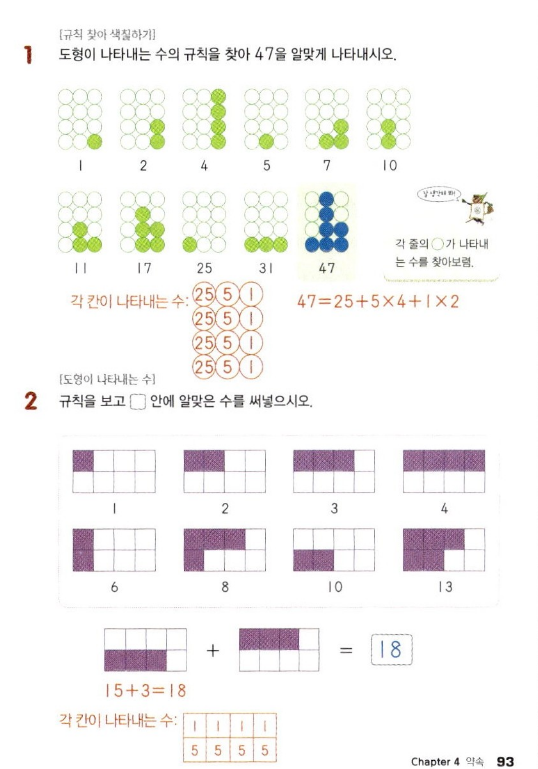

각 줄의 ○가 나타내는 수를 찾아보렴.

각 칸이 나타내는 수: 25 5 1 / 25 5 1 / 25 5 1 / 25 5 1 / 25 5 1

$47=25+5\times4+1\times2$

[도형이 나타내는 수]

2 규칙을 보고 ☐ 안에 알맞은 수를 써넣으시오.

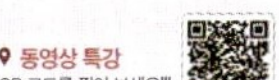

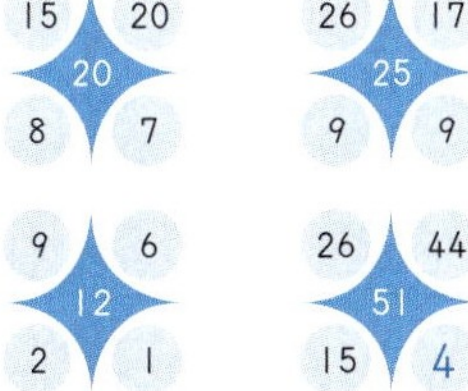

$+$ =   **18**

$15+3=18$

각 칸이 나타내는 수: 1 1 1 1 / 5 5 5 5

 창의적 문제해결력

94 95

1 기호 ⊕의 규칙을 찾아 표의 빈칸에 알맞은 수를 써넣으시오.

⊕	3	7	4
6	9	21	12
8	12	28	16
12	18	42	**24**

두 수를 곱한 다음 2로 나눈 규칙입니다.
$12\times4\div2$

2 상자를 쌓아 놓고 규칙에 맞게 수를 써넣었습니다. 가, 나, 다, 라에 들어가는 수 중 가장 작은 수의 기호를 쓰시오. **가**

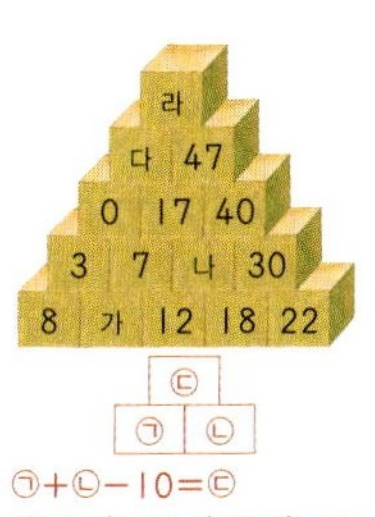

$①+ⓒ-10=ⓒ$

가: 5, 나: 20, 다: 7, 라: 44

♀ **동영상 특강**
QR 코드를 찍어 보세요!

3 규칙에 따라 네 수의 가운데에 수를 넣은 것입니다. 마지막 모양의 빈 곳에 알맞은 수를 써넣으시오.

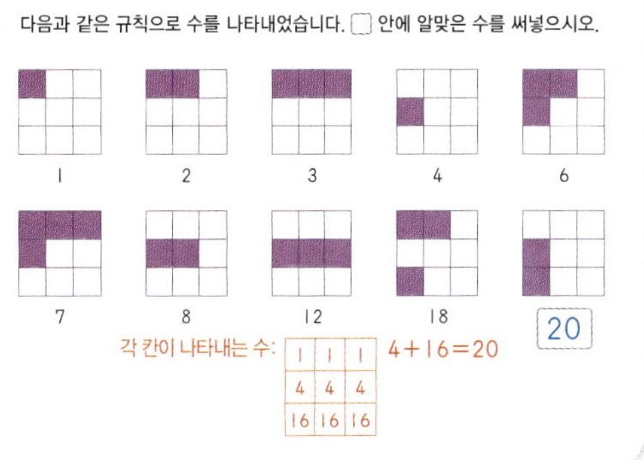

위 두 수의 합에서 아래 두 수의 합을 빼는 규칙입니다.

4 다음과 같은 규칙으로 수를 나타내었습니다. ☐ 안에 알맞은 수를 써넣으시오.

1   2   3   4   6

7   8   12   18   **20**

각 칸이 나타내는 수: 1 1 1 / 4 4 4 / 16 16 16 $4+16=20$

정답 및 해설 **21**

MEMO

MEMO
MEMO

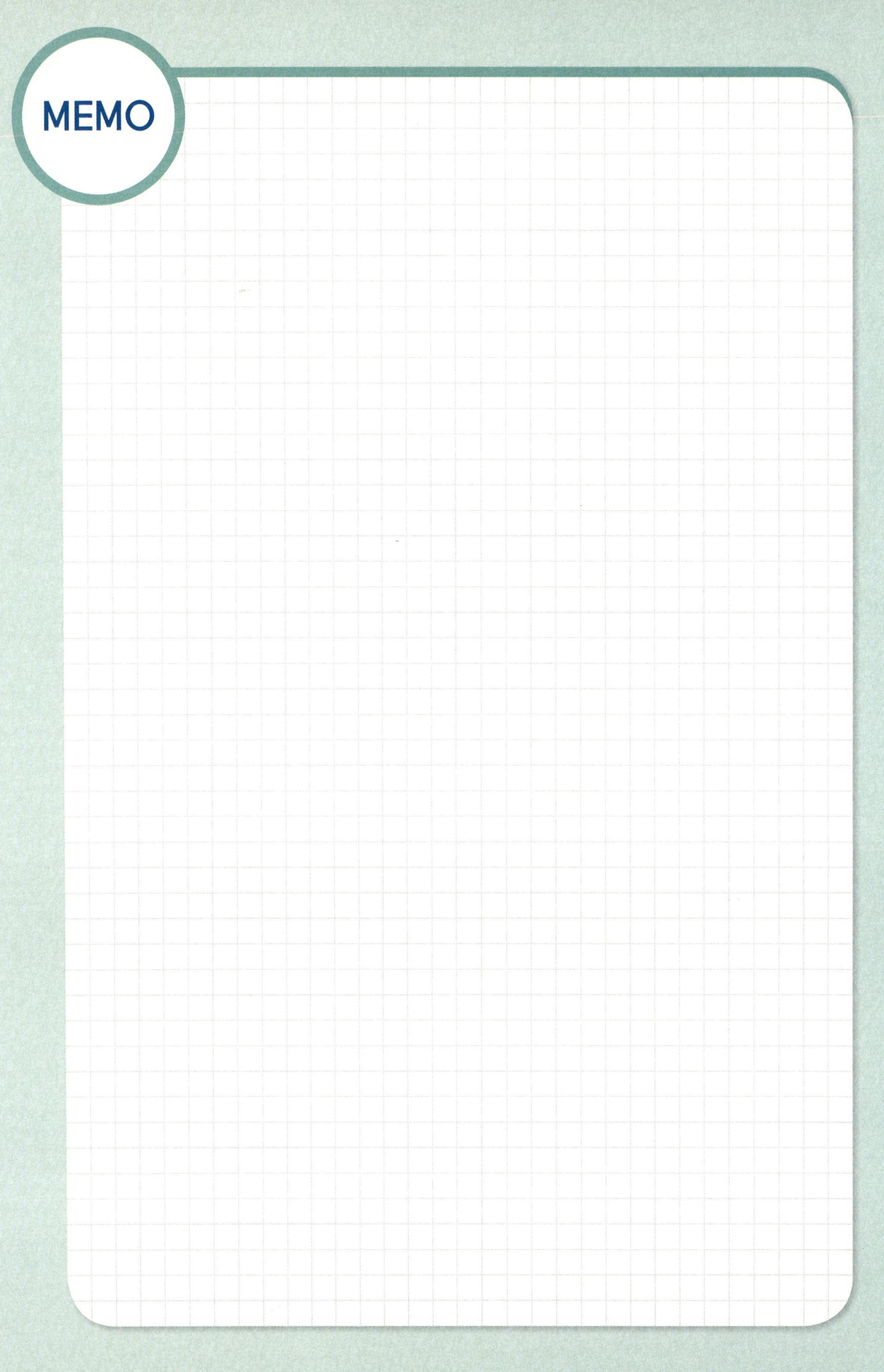
MEMO

1 다음과 같은 규칙으로 수가 바뀌는 상자가 있습니다. 7을 상자에 넣고, 나온 수를 다시 상자에 넣기를 여러 번 하였더니 다시 7이 나왔습니다. ☐ 안에 알맞은 수를 써넣으시오.

> • 한 자리 수는 5를 더합니다.
> • 두 자리 수는 각 자리 숫자를 더한 다음 5를 더합니다.

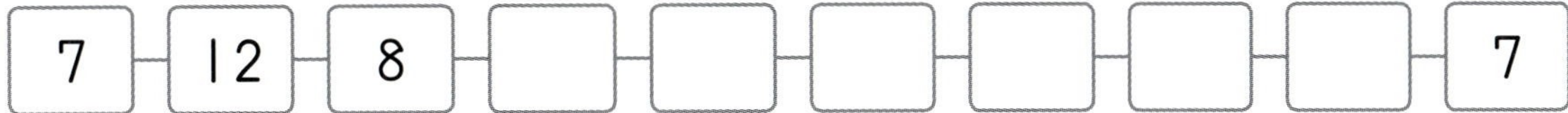

2 다음과 같은 규칙으로 수가 바뀌는 상자에 어떤 수를 두 번 넣어서 12가 나왔습니다. 처음 상자에 넣은 수가 될 수 있는 수를 모두 구하시오.

> • 짝수면 2로 나눕니다.
> • 홀수면 1을 더한 다음 2배를 합니다.

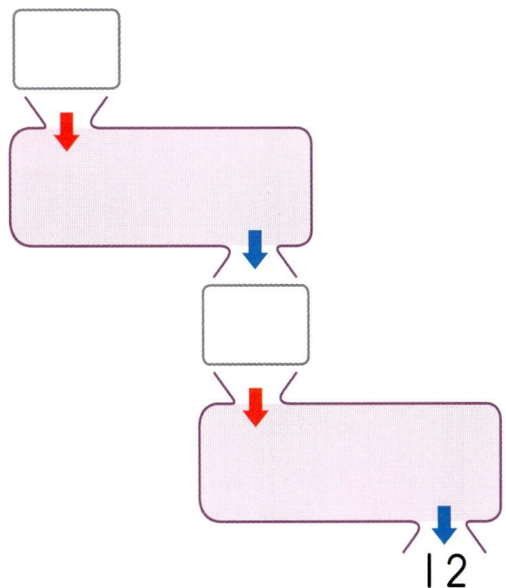

5 피보나치 수열

이탈리아의 수학자 레오나르도 피보나치는 〈산반서〉라는 책에서 일정한 규칙으로 늘어나는 토끼의 이야기를 소개했습니다.

갓 태어난 암수 한 쌍의 토끼가 있습니다. 이 한 쌍의 토끼는 한 달 후에 어른 토끼가 되고, 두 달 후부터 매달 암수 한 쌍의 새끼를 낳습니다. 새로 태어난 한 쌍의 토끼도 한 달 후 어른 토끼가 되고, 두 달 후부터 매달 암수 한 쌍의 새끼를 낳습니다. 죽는 토끼가 없다고 할 때 1년 후 토끼는 모두 몇 쌍일까요?

표를 완성하여 1년 후에 토끼가 몇 쌍인지 구하시오.

달	현재	1달	2달	3달	4달	5달	6달
토끼의 쌍	1	1	2	3			
달	7달	8달	9달	10달	11달	12달	
토끼의 쌍							

규칙에 맞게 수를 늘어놓을 때, ☐ 안에 알맞은 수를 써넣으시오.

- 2, 2, 4, 6, 10, 16, ☐, 42, 68, 110

- 89, 55, 34, 21, 13, ☐, 5, 3, 2, 1, 1

다음과 같은 규칙으로 수를 계속 늘어놓을 때, 나오지 않는 수를 찾아 기호를 쓰시오.

1, 1, 2, 3, 5, 8, 13, 21, 34 ……

㉠ 55 ㉡ 89
㉢ 134 ㉣ 233

노크 포인트

규칙에 따라 수를 늘어놓은 것을 수열이라고 합니다. 수열 중에서 다음과 같이 앞 두 수의 합이 다음 수가 되는 수열을 피보나치 수열이라고 하고, 피보나치 수열에 나오는 수를 피보나치 수라고 합니다.

피보나치 수열의 규칙

1,　1,　2,　3,　5,　8,　13,　21,　34 ……
　　1+1　1+2　2+3　3+5　5+8　8+13　13+21

음악, 미술, 건축 등 사람이 만든 여러 예술 작품이나 자연에 있는 아름다운 것 중에는 피보나치 수와 관련된 것들이 많습니다. 예를 들어 꽃잎의 수를 세어 보면 거의 모든 꽃잎이 3장, 5장, 8장, 13장과 같이 피보나치 수로 되어 있습니다.

피보나치 수열의 규칙

보기 의 수열과 같은 규칙을 가지는 수열을 모두 만들어 봅시다.

> **보기**
>
> 1, 3, 4, 7, 11, 18 ······

| | | | 7 | | | | ······ |

❶ 수열의 두 번째와 세 번째 ☐ 안에 들어갈 수 있는 수는 모두 세 가지가 있습니다. 들어갈 수 있는 수를 모두 쓰시오.

① (3 , 4)　　② (☐ , ☐)　　③ (☐ , ☐)

수열의 규칙을 먼저 찾아
야지. 규칙에 맞는 수를
넣어 보렴.

❷ 각 경우의 수열을 모두 만들어 보시오. 단, 첫 번째 ☐ 안에 **0**은 넣지 않습니다.

① ☐　3　4　7　☐　☐　☐ ······

② ☐　☐　☐　7　☐　☐　☐ ······

③ ☐　☐　☐　7　☐　☐　☐ ······

1 다음 수열에서 3이 나오는 것은 몇 번째인지 구하시오.

97, 60, 37, 23, 14 ……

2 다음은 피보나치 수열과 같은 규칙을 가지는 수열을 나타낸 것입니다. 12 다음에 오는 수를 구하시오.

| | 2 | | | 12 | |

12 앞에 올 수 있는
두 수를 먼저 찾아봐.

피보나치 수열의 활용

꿀벌이 방 사이에 뚫린 문을 통해 번호가 큰 방으로만 이동합니다. 꿀벌이 1, 2, 3번 방까지 가는 방법의 가짓수를 보고 7번 방까지 가는 서로 다른 방법은 몇 가지인지 알아봅시다.

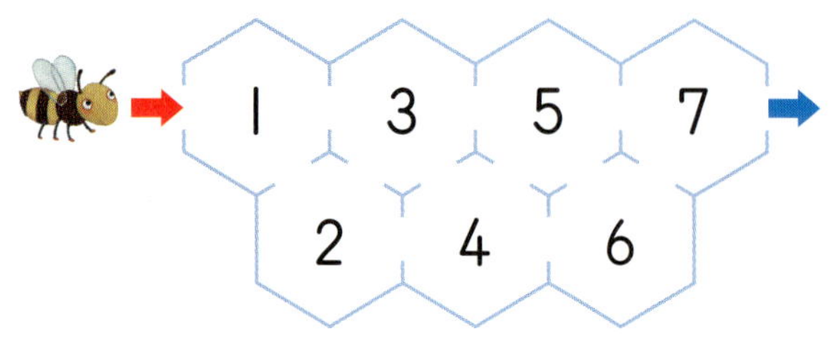

1번 방: 1가지
2번 방: 1번 방에서 가는 방법 1가지
3번 방: 1번 방에서 바로 가는 방법과
      2번 방에서 가는 방법이
      있으므로 1＋1＝2(가지)

❶ 꿀벌이 4번 방까지 가는 방법은 3번 방을 거치지 않는 방법과 3번 방을 거치는 방법으로 나눌 수 있습니다. 4번 방까지 가는 방법은 몇 가지입니까?

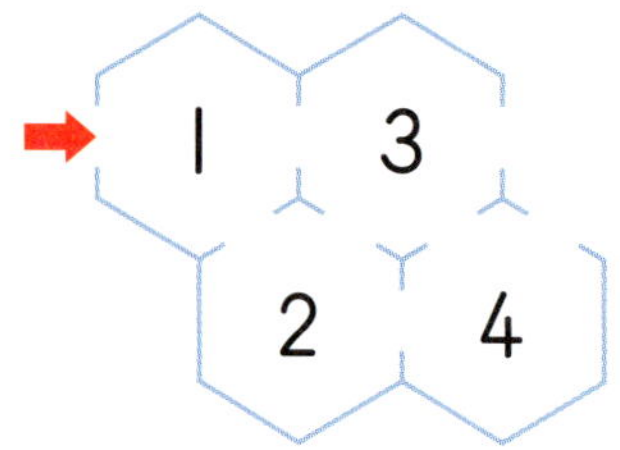

직접 그려 보면 방법을 찾기가 더 쉬울 거야.

❷ 각 방까지 가는 방법의 가짓수가 늘어나는 규칙을 찾아 표를 완성해 보시오. 7번 방까지 가는 서로 다른 방법은 몇 가지입니까?

방 번호	1	2	3	4	5	6	7
방법의 가짓수	1	1	2				

1 초이는 다음과 같은 징검다리를 건너려고 합니다. 한 번에 한 칸이나 두 칸만 건너 수 있을 때, 초이가 반대 쪽으로 건너갈 수 있는 서로 다른 방법은 모두 몇 가지인지 구하시오.

피보나치 수열을 잘 생각해 봐.

2 태경이는 8칸짜리 계단을 한 번에 한 칸 또는 두 칸씩 올라가려고 합니다. 계단 끝까지 올라가는 서로 다른 방법은 모두 몇 가지인지 구하시오.

6

파스칼의 삼각형

철학자이자 수학자인 파스칼은 '인간은 생각하는 갈대다.'라는 명언을 한 것으로 유명합니다. 파스칼은 고대 중국인이 만든 수 피라미드를 연구하여 수많은 규칙을 발견하였습니다. 그래서 이 수 피라미드를 파스칼의 삼각형이라 부릅니다.

파스칼의 삼각형의 맨 위쪽 가로줄부터 0행, 1행, 2행 ……이라고 할 때, 규칙을 찾아 7행의 ▢ 안에 알맞은 수를 써넣으시오.

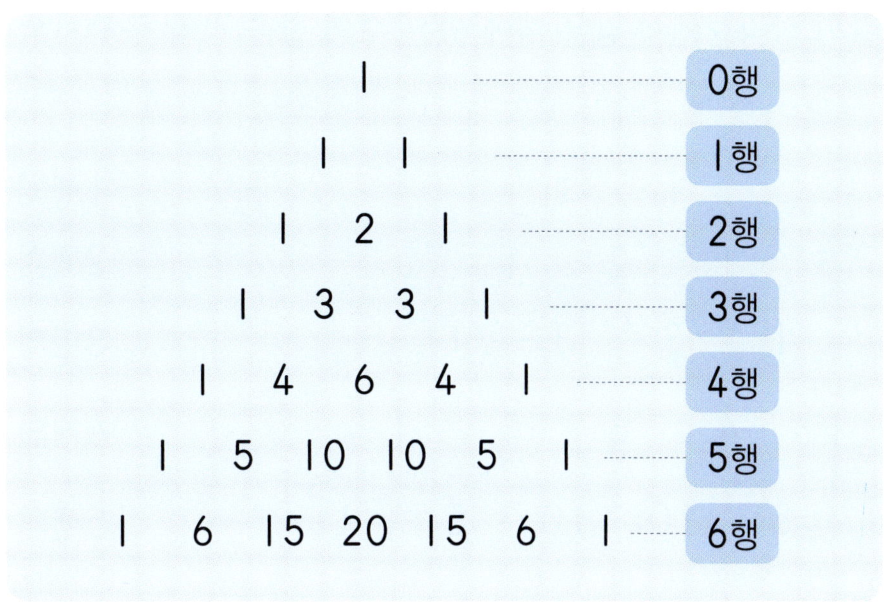

4행에 있는 수의 개수	5	3행의 3번째 수	3
5행에 있는 수의 개수	6	6행의 6번째 수	6
8행에 있는 수의 개수		9행의 9번째 수	

수를 다음과 같은 규칙에 따라 삼각형 모양으로 배열한 것을 파스칼의 삼각형이라고 합니다.
파스칼의 삼각형에서는 여러 가지 규칙을 찾을 수 있습니다.

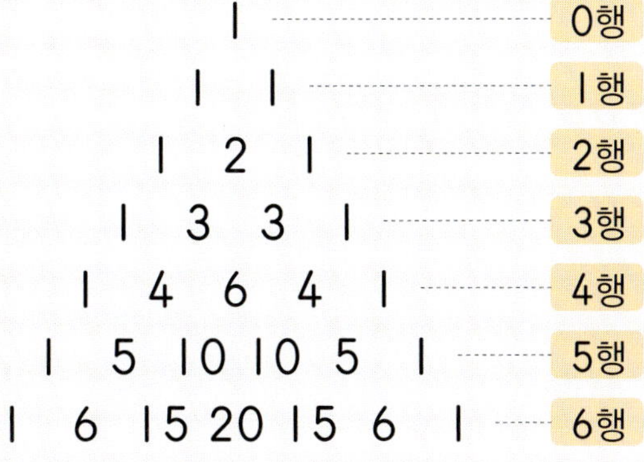

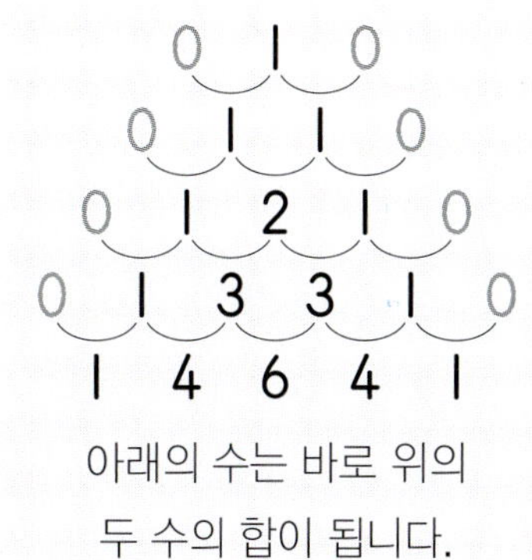

아래의 수는 바로 위의 두 수의 합이 됩니다.

# 파스칼의 삼각형 규칙

파스칼의 삼각형에서 여러 가지 규칙을 찾아봅시다.

❶ 파스칼의 삼각형에서 같은 행에 있는 수의 합을 각각 구하시오.

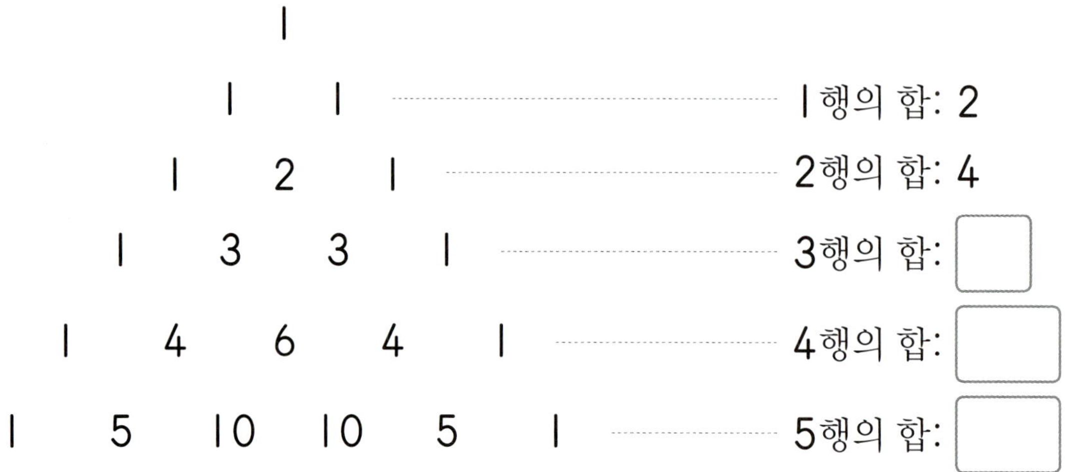

|행의 합: 2

2행의 합: 4

3행의 합: ☐

4행의 합: ☐

5행의 합: ☐

❷ 각 행에 있는 수의 합에서 규칙을 찾아 표를 완성하시오.

행	1	2	3	4	5	6	7	8	……
수의 합	2	4							……

❸ 파스칼의 삼각형에서 다음과 같은 모양으로 수를 묶을 때, 규칙을 찾아 ☐ 안에 알맞은 수를 써넣으시오.

$$1+1+1+1=4$$

$$1+4+10=\boxed{}$$

$$1+3+6+10+15=\boxed{}$$

1 파스칼의 삼각형에서 가, 나, 다 묶음에 있는 수의 합을 각각 구하시오.

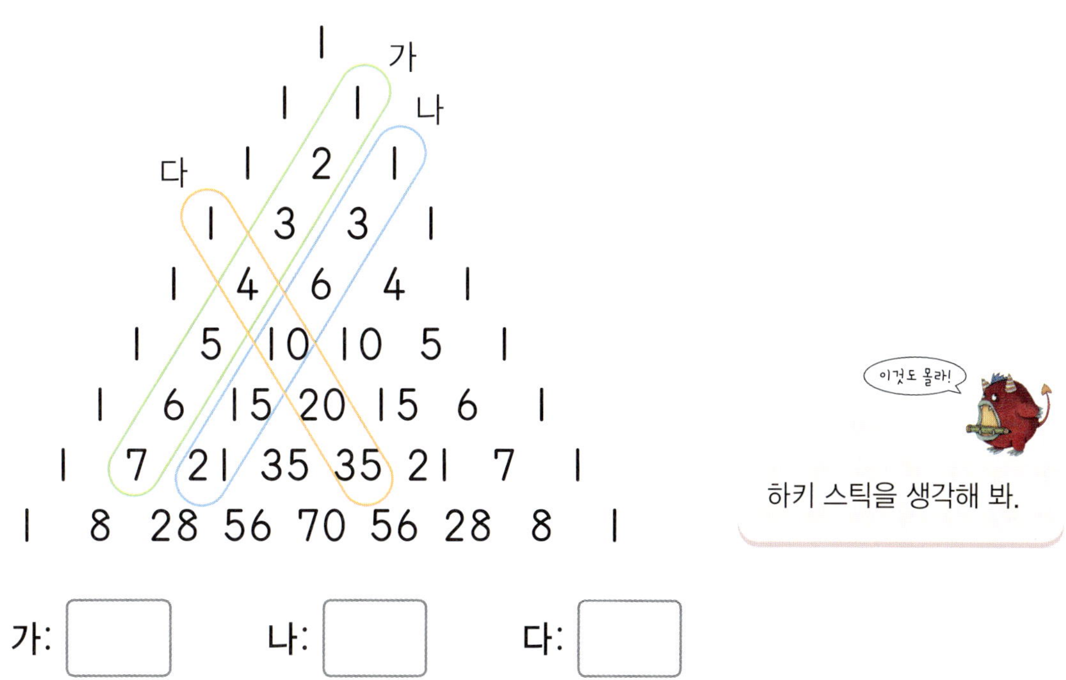

가: ☐   나: ☐   다: ☐

2 파스칼의 삼각형에서 그림과 같이 묶은 수의 합을 수열로 나타낸 것입니다. ☐ 안에 알맞은 수를 써넣으시오.

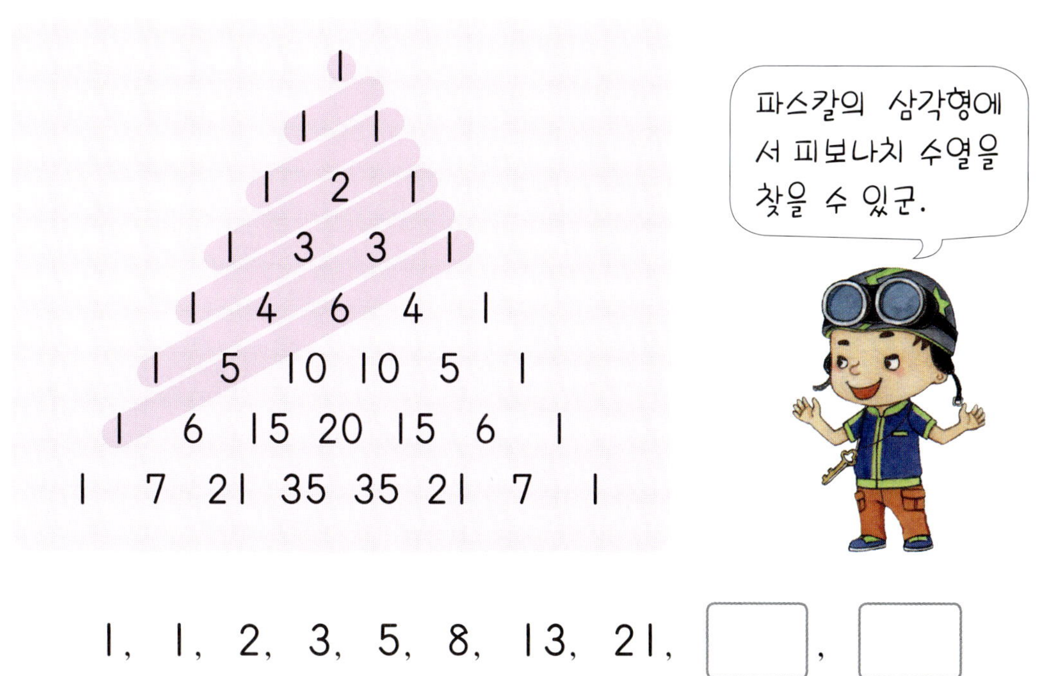

1, 1, 2, 3, 5, 8, 13, 21, ☐, ☐

파스칼의 삼각형 활용

다음과 같은 모양에서 공을 떨어뜨렸을 때, 공이 중간의 여러 지점과 각 층까지 내려가는 서로 다른 방법의 가짓수를 알아봅시다.

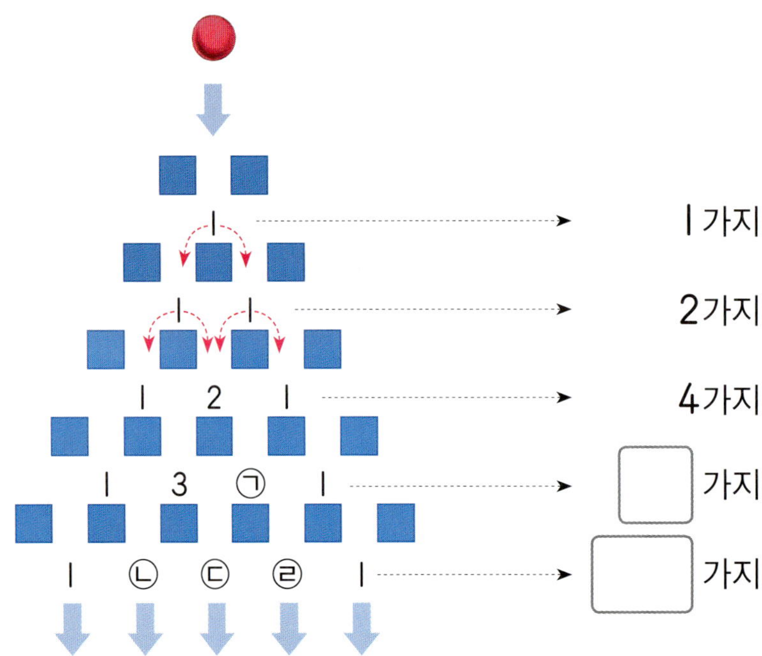

❶ 공이 어떤 지점까지 내려가는 방법의 가짓수는 그 위의 두 지점까지 내려가는 방법의 가짓수의 합과 같습니다. ㉠, ㉡, ㉢, ㉣의 위치까지 공이 내려가는 서로 다른 방법은 각각 몇 가지인지 구하시오.

㉠: ☐   ㉡: ☐   ㉢: ☐   ㉣: ☐

❷ 공이 각 층의 모든 지점까지 내려가는 방법의 가짓수의 합을 구하여 위의 ☐ 안에 알맞은 수를 써넣으시오.

1 개미가 맨 위에서 아래로 길을 따라 내려올 때, 가 지점으로 나올 수 있는 서로 다른 방법은 모두 몇 가지인지 구하시오.

가

파스칼의 삼각형을 그려 봐.

2 다음과 같은 모양에 공을 넣으면 아래로 갈라지는 길에서 공은 왼쪽과 오른쪽으로 번갈아 하나씩 떨어진다고 합니다. 공 64개를 넣었을 때, ㉠으로 나오는 공은 몇 개인지 구하시오.

㉠

갈림길마다 공이 반씩 양쪽으로 나누어지는 거야.

1 아인이가 말한 상자에 1을 넣고 나온 수를 다시 넣는 것을 반복하였습니다. 넣은 수를 1부터 차례대로 쓸 때, 29가 나오는 것은 몇 번째입니까?

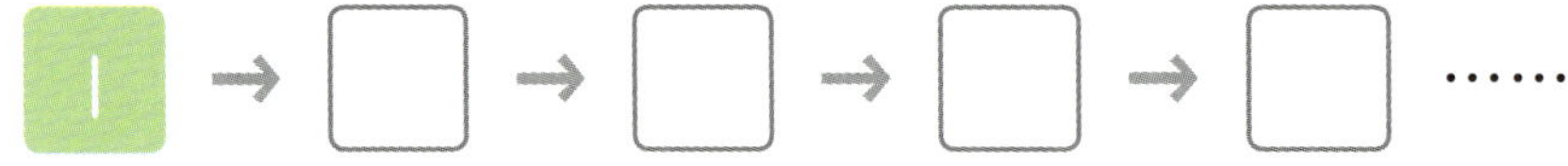

2 피보나치 수열을 100번째 수까지 썼을 때, 홀수와 짝수는 각각 몇 개인지 구하시오.

> 1, 1, 2, 3, 5, 8, 13, 21, 34, 55 ……

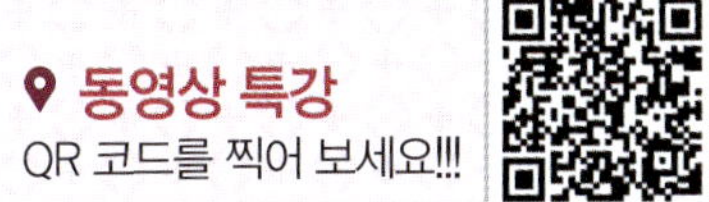

3 한 변이 1cm인 정사각형에 다음과 같이 정사각형을 1개씩 더 이어 붙여서 직사각형을 만들 때, 8번째 직사각형의 네 변의 길이의 합을 구하시오.

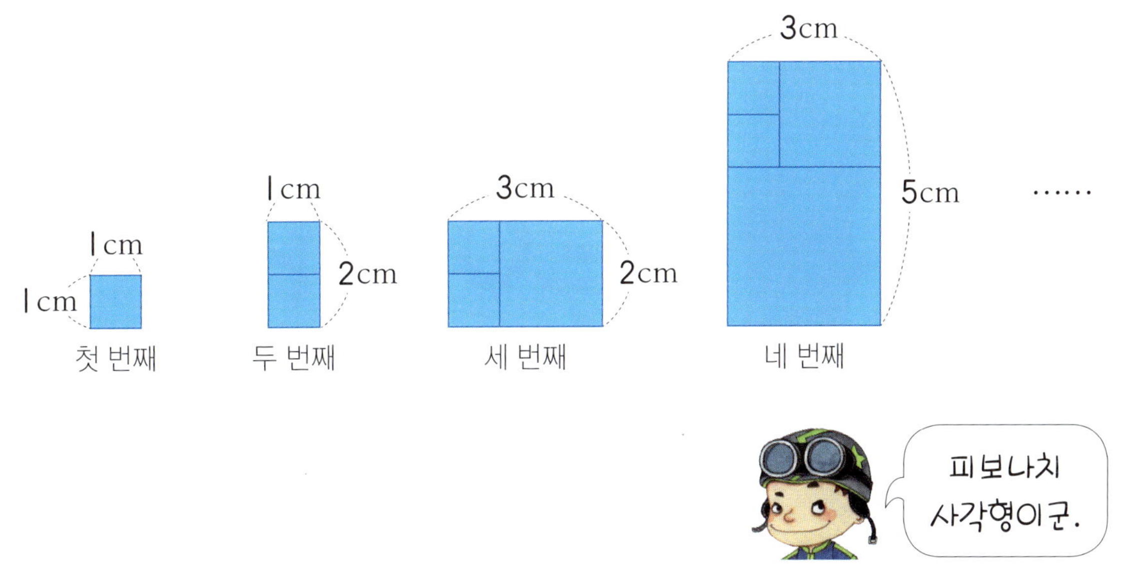

4 파스칼의 삼각형에서 같은 행에 있는 수의 합이 1024인 행은 몇 행인지 구하시오.

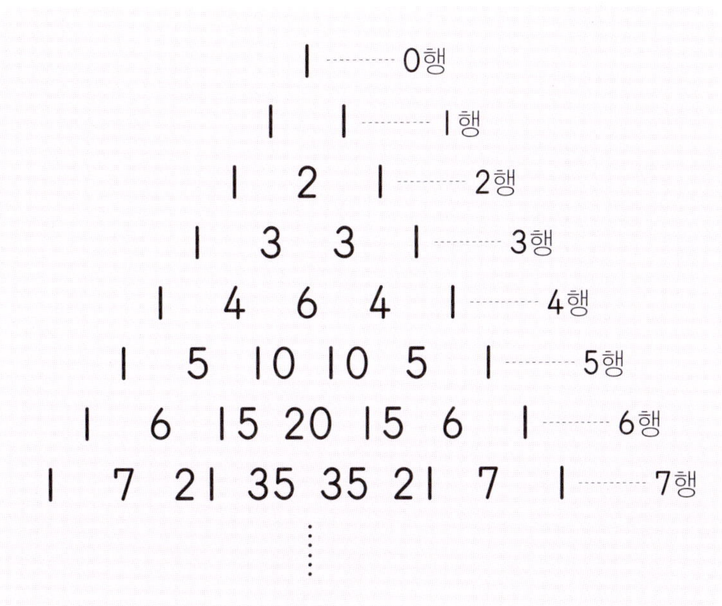

Chapter 3

늘어나는 규칙

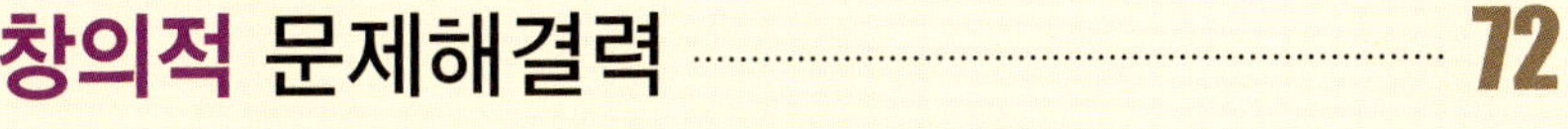

바둑돌 규칙

지혜의 수호자인 대마법사 멀린은 아이들의 지혜를 깨치는 바둑돌을 던졌습니다.

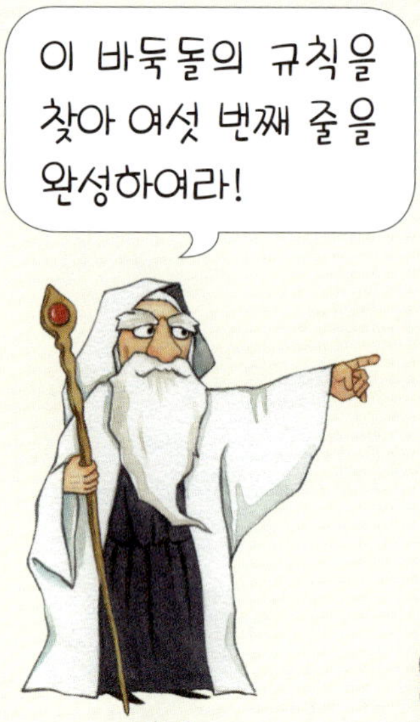

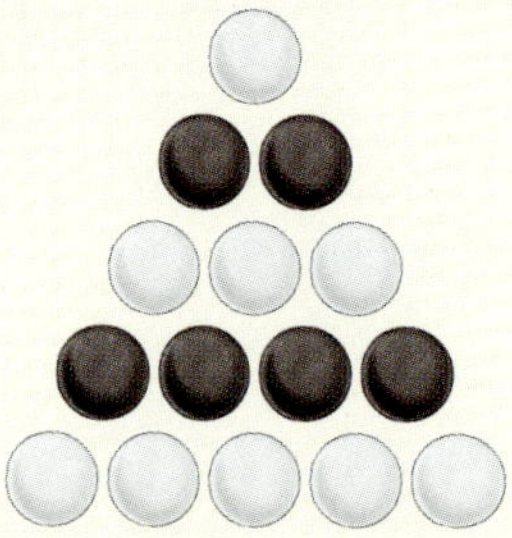

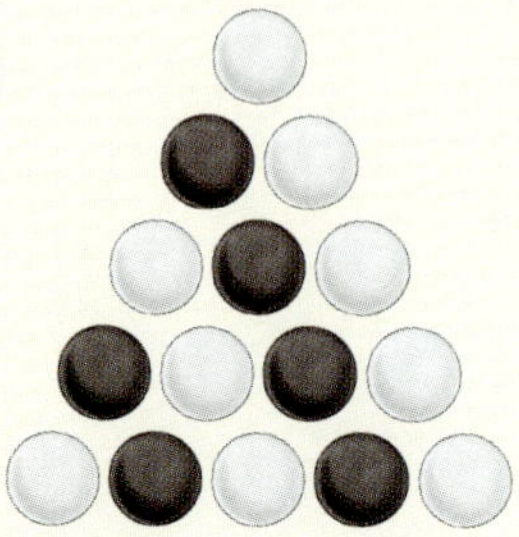

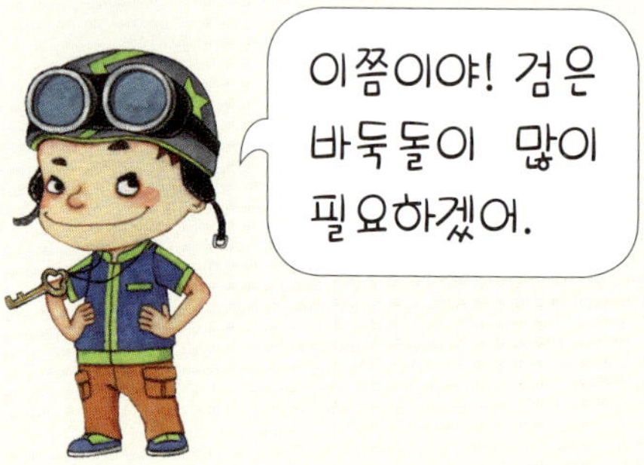

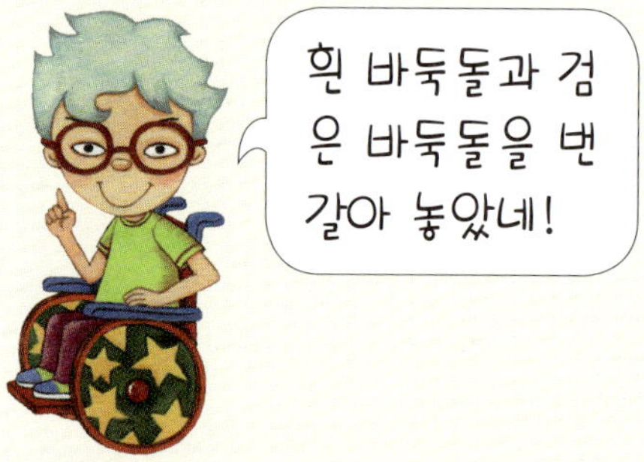

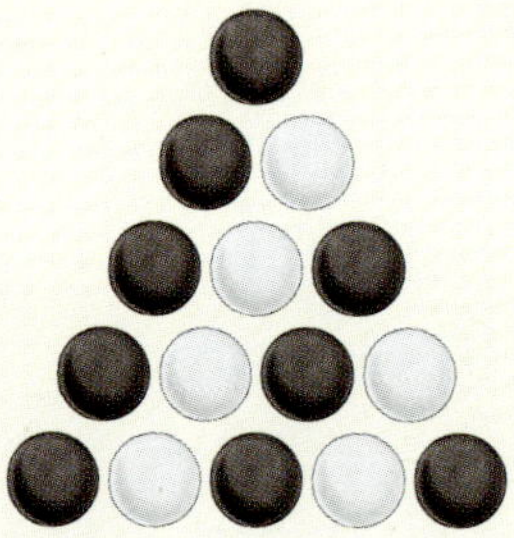

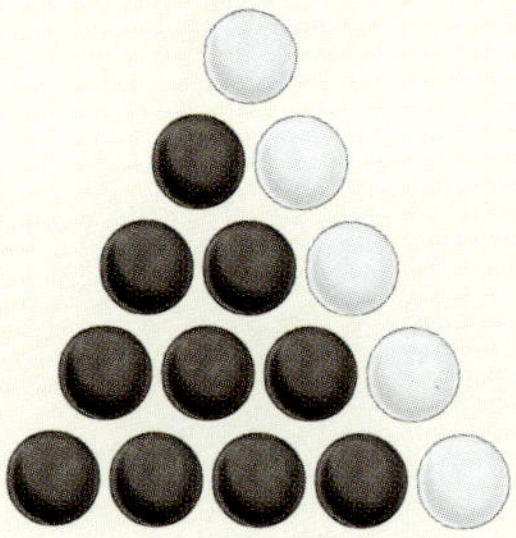

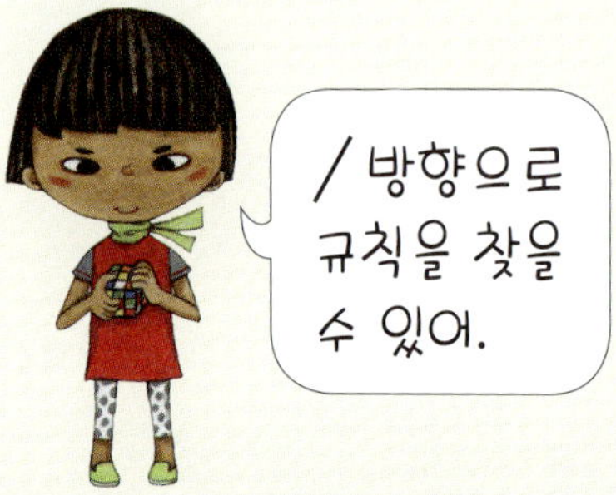

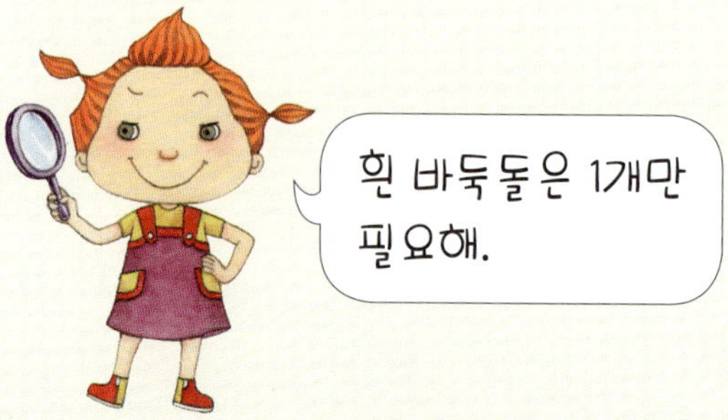

규칙을 찾아 □ 안에 놓은 바둑돌 중 검은 바둑돌인 것에 색칠하시오.

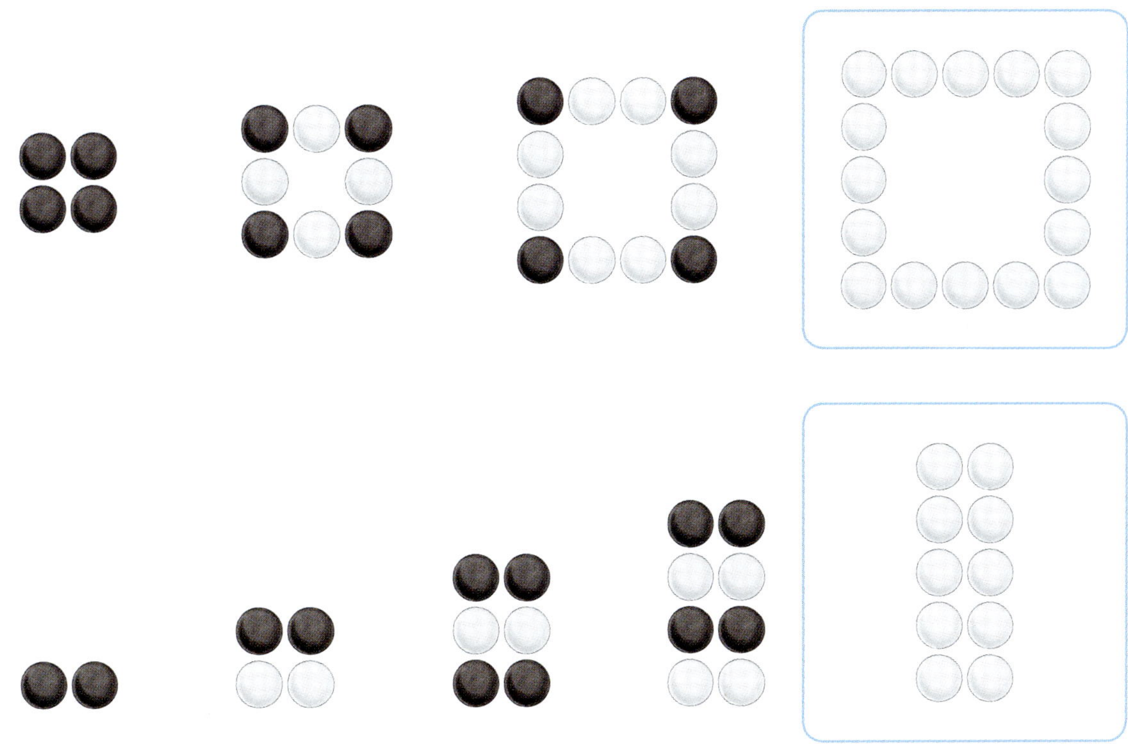

노크 포인트

일정한 규칙으로 늘어놓은 바둑돌에서 검은 바둑돌과 흰 바둑돌이 늘어나는 규칙을 찾을 수 있습니다.

검은 바둑돌은 위, 아래에 각각 2개에서 1개씩 늘어나고, 흰 바둑돌은 가운데 1개에서 1개씩 늘어납니다.

규칙을 찾으면 직접 바둑돌을 놓지 않고도 몇 번째에 놓는 검은 바둑돌과 흰 바둑돌의 수를 알 수 있습니다.

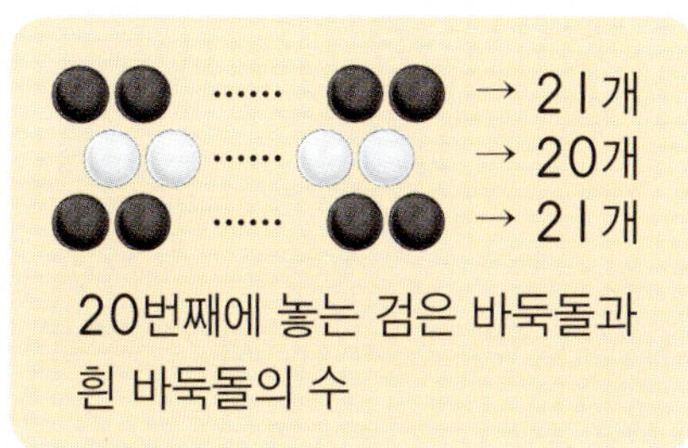

20번째에 놓는 검은 바둑돌과 흰 바둑돌의 수

누가 더 많이 놓을까?

수학 요정은 흰 바둑돌을, 꼬마 요괴는 검은 바둑돌을 가지고 있습니다. 다음과 같은 규칙으로 바둑돌을 놓을 때, 꼬마 요괴가 수학 요정보다 더 많은 바둑돌을 놓는 것은 몇 번째 모양부터인지 알아봅시다.

❶ 수학 요정과 꼬마 요괴가 놓은 바둑돌의 수를 각각 세어 보시오.

모양	첫 번째	두 번째	세 번째	네 번째
	6			
	0			

❷ 규칙을 찾아 여덟 번째 모양까지 수학 요정과 꼬마 요괴가 놓아야 하는 바둑돌의 수를 표에 써넣으시오.

모양	다섯 번째	여섯 번째	일곱 번째	여덟 번째

❸ 처음으로 꼬마 요괴가 수학 요정보다 바둑돌을 더 많이 놓게 되는 것은 몇 번째 모양부터입니까?

1 검은 바둑돌과 흰 바둑돌을 규칙적으로 놓았습니다. I0번째 모양에서 두 바둑돌의 수를 각각 구하시오.

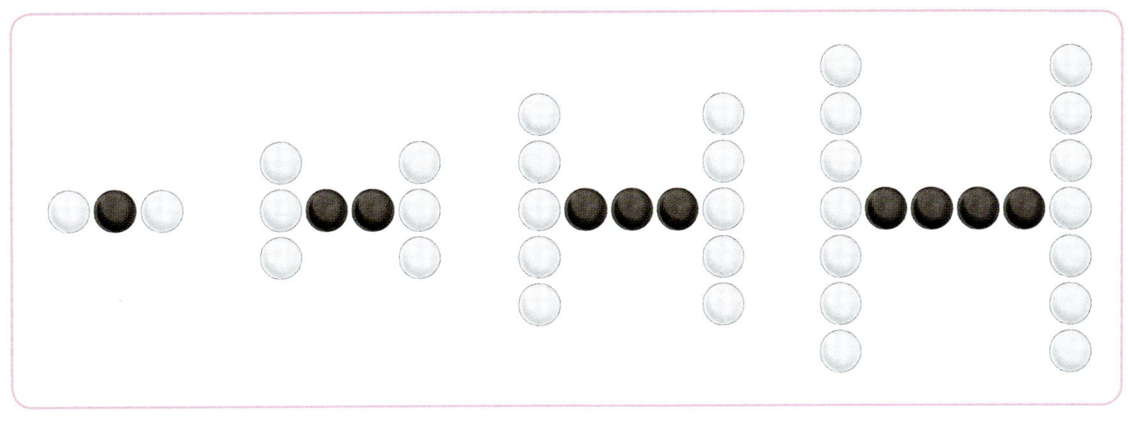

흰 바둑돌: ⬚ 개, 검은 바둑돌: ⬚ 개

2 규칙적으로 흰 바둑돌과 검은 바둑돌을 늘어놓았습니다. 바둑돌의 수가 모두 I00개인 모양에서 흰 바둑돌의 수를 구하시오.

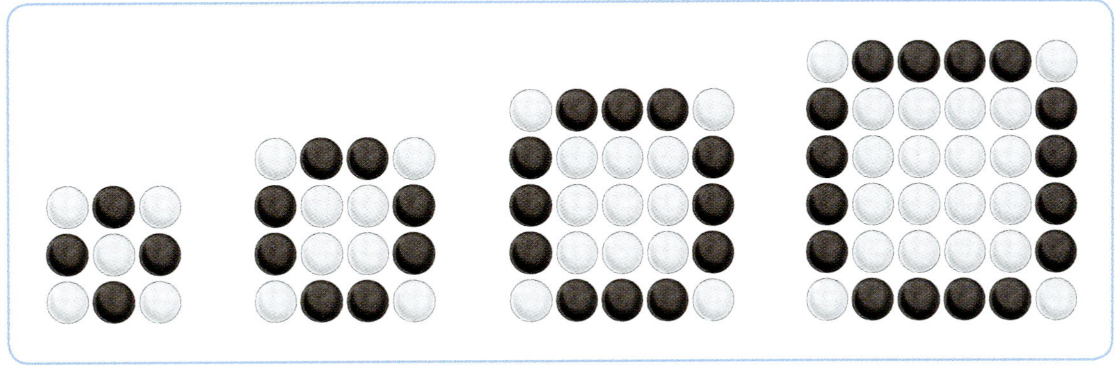

번갈아 놓은 바둑돌

다음과 같은 규칙으로 바둑돌을 놓을 때, 24번째 모양에서 두 바둑돌 중 더 많은 바둑돌의 색깔과 수를 구해 봅시다.

❶ 두 바둑돌을 놓은 모양을 보고 표를 완성하시오.

모양	첫 번째	두 번째	세 번째	네 번째	다섯 번째	여섯 번째	일곱 번째	여덟 번째
흰 바둑돌	×	3	×	7				
검은 바둑돌	1	×	5					

❷ 짝수 번째까지 놓은 흰 바둑돌과 검은 바둑돌의 수의 차를 구하고, 규칙을 찾아 빈칸에 써넣으시오.

모양	두 번째	네 번째	여섯 번째	여덟 번째
흰 바둑돌	3	10		
검은 바둑돌	1	6		
개수의 차	2			

$$+ \boxed{2} + \boxed{} + \boxed{}$$

❸ 24번째 모양에서 어떤 색 바둑돌이 몇 개 더 많습니까?

1 다음과 같은 규칙으로 바둑돌을 놓을 때, 흰 바둑돌이 검은 바둑돌보다 6개 더 많은 모양은 몇 번째입니까?

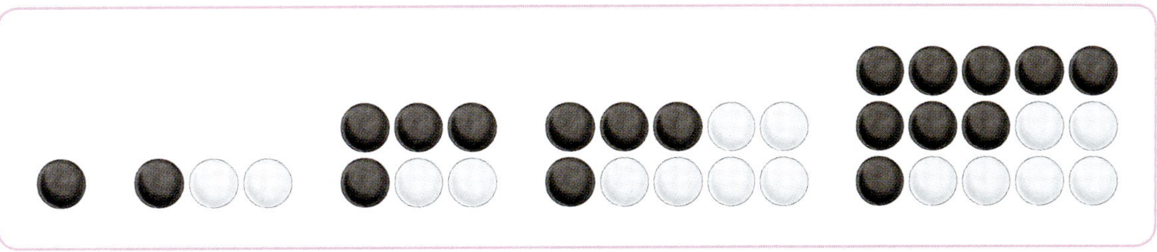

2 다음과 같은 규칙으로 바둑돌을 놓을 때, 100번째 모양에서 어떤 색 바둑돌이 몇 개 더 많은지 구하시오.

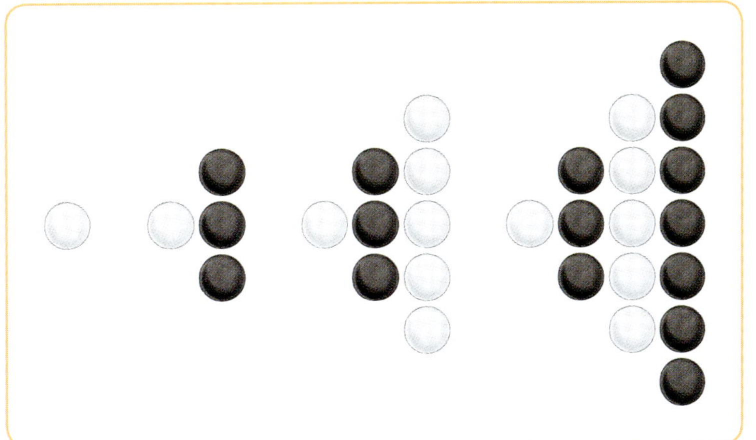

8 여러 가지 규칙

꼬마 요괴들이 줄을 서서 S자 모양의 실을 한 번씩 자르고 있습니다.

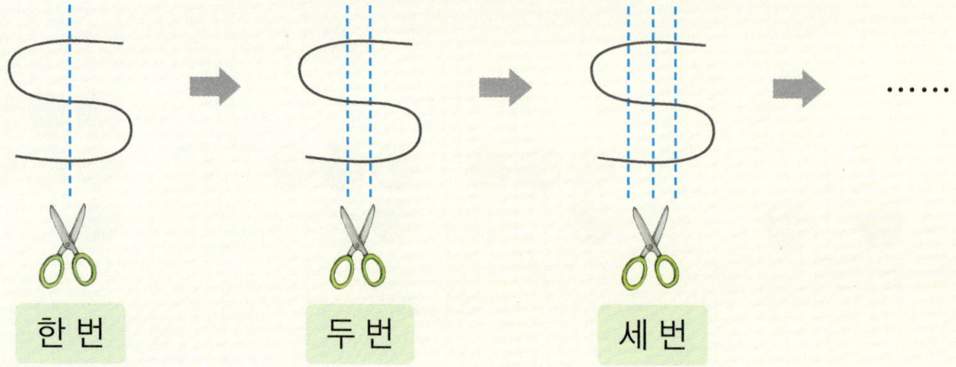

실을 자른 횟수에 따라 나누어지는 실 도막의 수를 구하여 표를 완성하시오.

자른 횟수	한 번	두 번	세 번	네 번	다섯 번	여섯 번
실 도막의 수	4	7				

한 번 자를 때마다 실 도막의 수는 몇 도막씩 늘어납니까?

실을 22도막으로 만들려고 합니다. 몇 번 가위질을 해야 합니까?

빵을 자르는 횟수와 이때 생기는 빵 조각의 수를 나타낸 표를 완성하시오.

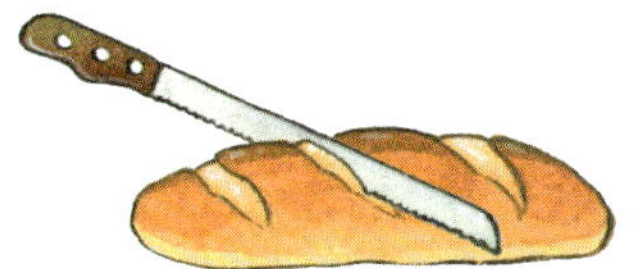

자른 횟수	1	2		4		6	7
빵 조각의 수		3	4	5	6		

점선을 따라 밧줄을 잘랐을 때, 나누어지는 밧줄 도막의 수를 구하시오.

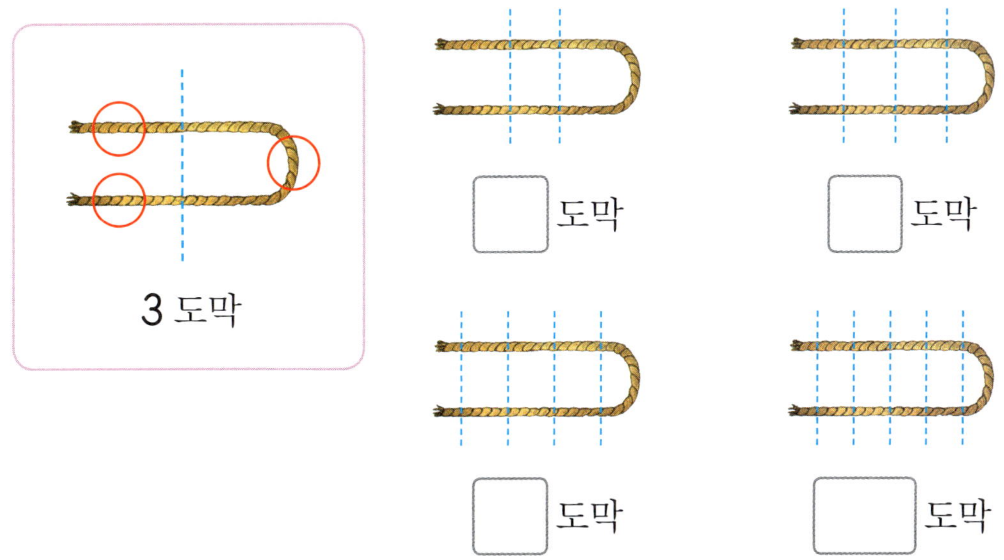

선을 자르는 횟수에 따라 나누어지는 도막의 수가 늘어나는 규칙을 찾을 수 있습니다.

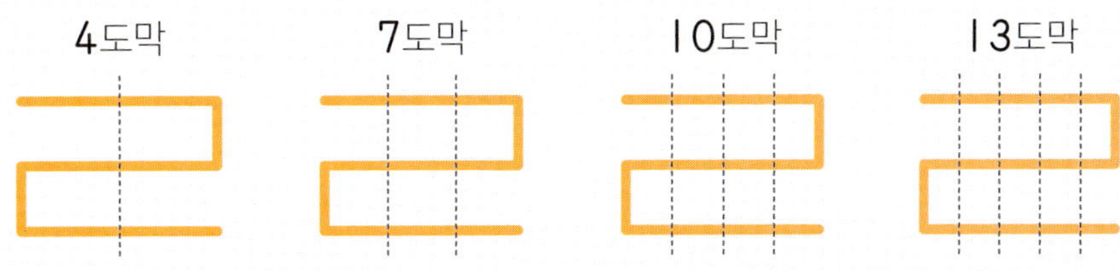

한 번 자를 때마다 3도막씩 더 늘어납니다.

규칙을 찾아내면 직접 세지 않아도 나누어진 도막의 수를 간단하게 구할 수 있습니다.

자른 횟수	5	6	7	8
도막의 수	16	19	22	25

압정의 수

초이네 반 학생 21명은 게시판에 각자 아기 때의 사진을 이어 붙이려고 합니다. 사진을 붙이는 규칙과 압정으로 꽂은 모양을 보고, 필요한 압정의 수를 구해 봅시다.

① 사진을 한 줄로 나란히 이어 붙입니다.
② 모든 사진의 네 귀퉁이에 모두 압정을 꽂습니다.
③ 이웃한 사진에 압정 2개를 꽂습니다.

초이   지오   ……

❶ 사진이 한 장씩 늘어날 때, 필요한 압정의 수를 식으로 나타내고 구하시오.

- 사진이 1장일 때: 4개

- 사진이 2장일 때: $4+2=6$(개)

- 사진이 3장일 때: $4+\underset{2\times2}{2+2}=8$(개)

- 사진이 4장일 때: $4+\underset{2\times3}{2+2+2}=10$(개)

- 사진이 5장일 때:

- 사진이 6장일 때:

❷ 사진 21장을 한 줄로 나란히 이어 붙일 때, 필요한 압정의 수를 구하시오.

1 육각형 모양 식탁과 의자를 다음과 같이 계속 이어 붙여 38명이 앉을 수 있으려면 식탁은 모두 몇 개 필요합니까?

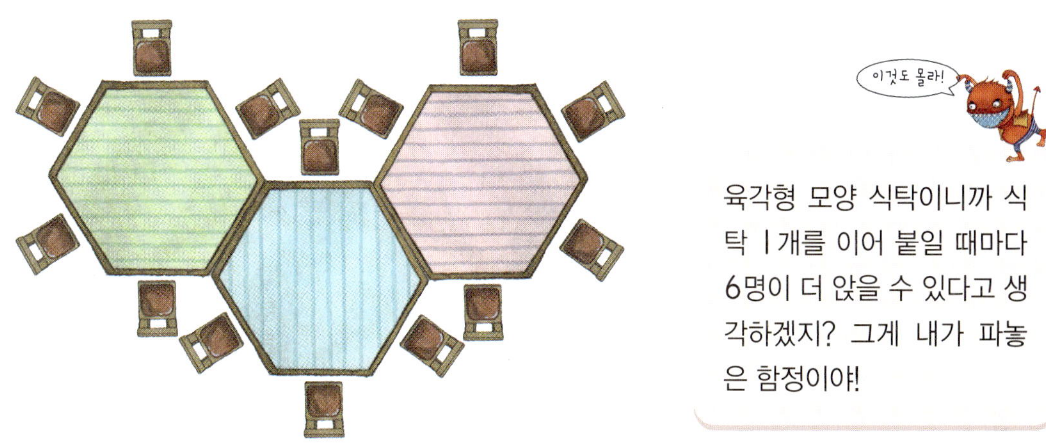

[압정의 수]

2 삼각형과 사각형 모양 종이를 다음과 같이 압정으로 이어 붙였습니다. 이어 붙인 사각형 종이가 10장일 때, 압정은 모두 몇 개 꽂았습니까?

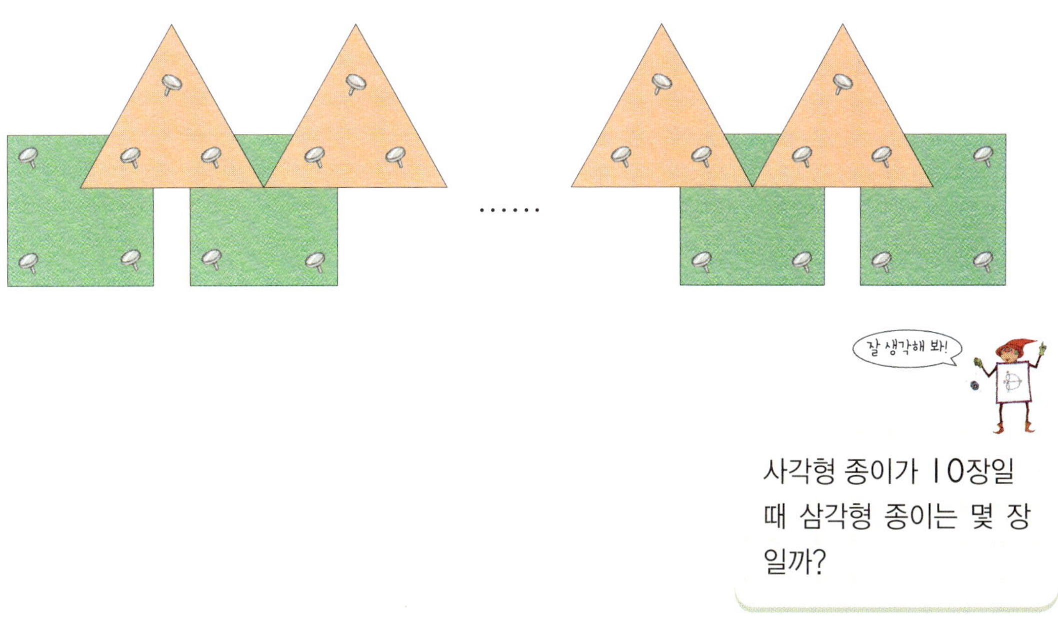

종이 테이프를 절반씩 세로로 접었다 펼치면 다음과 같이 선이 생깁니다. 선이 모두 63개 생기려면 테이프를 몇 번 접어야 하는지 알아봅시다.

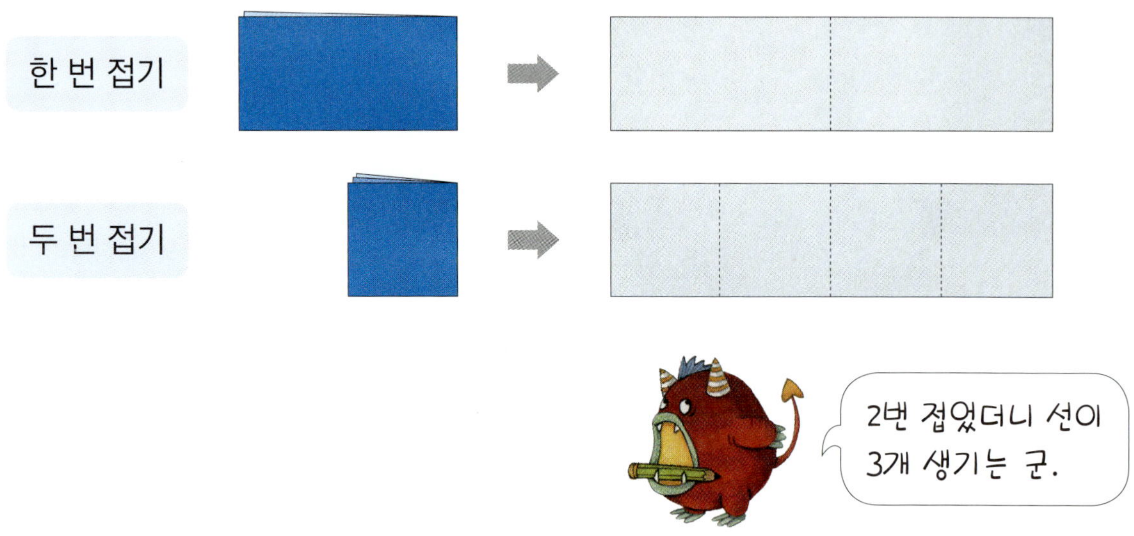

❶ 종이 테이프를 3번 접었다 펼쳤을 때 생기는 선을 그리시오.

❷ 테이프를 접은 횟수에 따라 생기는 선의 수를 나타내는 표를 완성하시오.

접는 횟수	1	2	3	4	5	……
선의 수	1	3				……

❸ 테이프를 접었다 펼쳤을 때 생기는 선이 63개가 되려면, 몇 번 접어야 합니까?

1 가, 나 테이프를 각각 절반씩 반복하여 접었다 펼쳤을 때, 생기는 선을 세어 보니 두 테이프를 합쳐 모두 38개였습니다. 가 테이프를 접은 횟수가 3번일 때, 나 테이프는 몇 번 접어야 합니까?

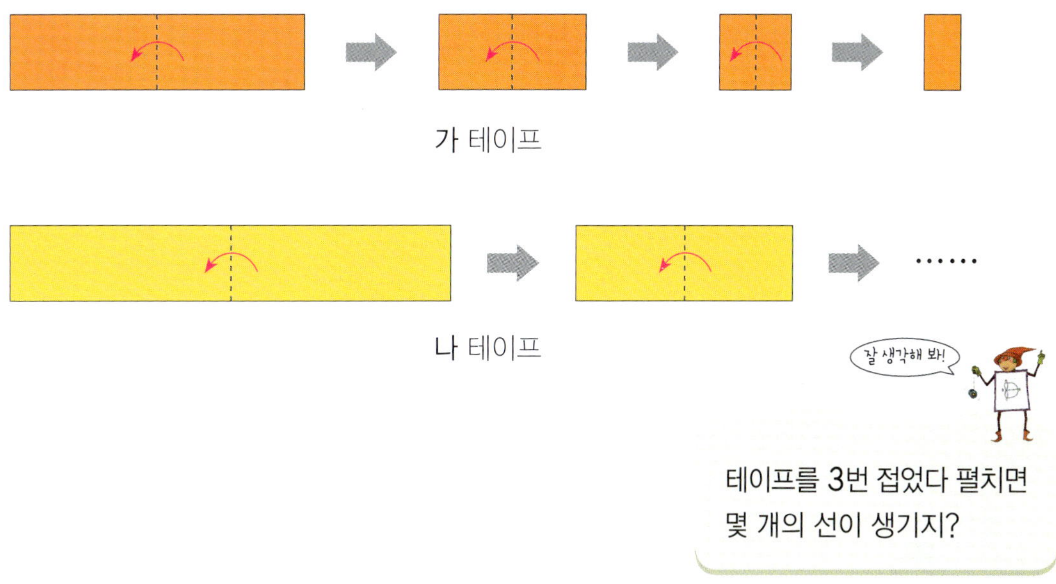

2 긴 테이프를 절반씩 접으면서 접을 때마다 다음과 같이 구멍을 하나씩 뚫었습니다. 같은 방법으로 세 번 접어 구멍을 뚫고 테이프를 펼쳤을 때, 구멍은 모두 몇 개 만들어집니까?

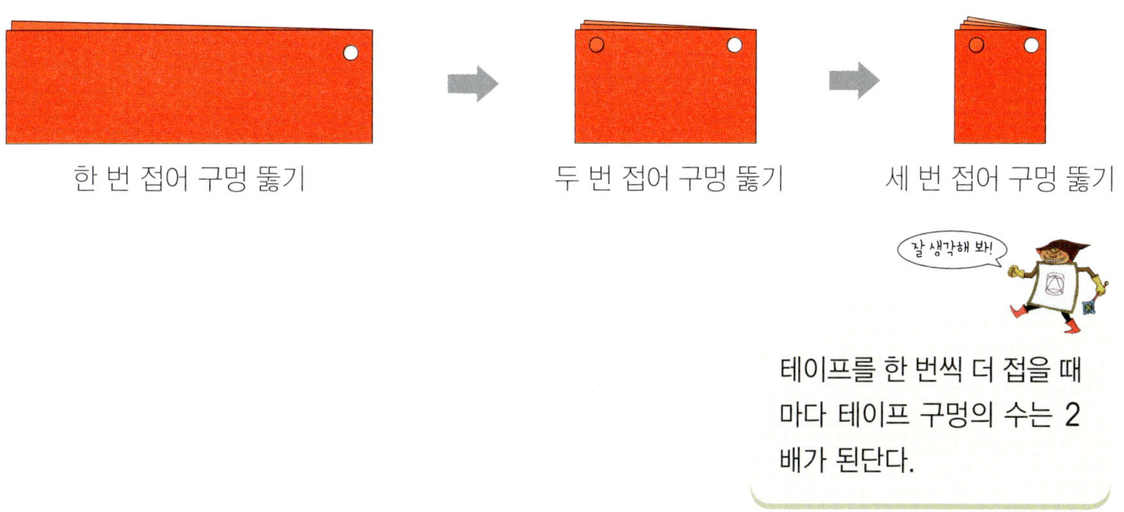

9 도형수

옛날 수학자들은 점의 수를 규칙에 맞게 점점 늘리면서 도형을 그렸습니다.

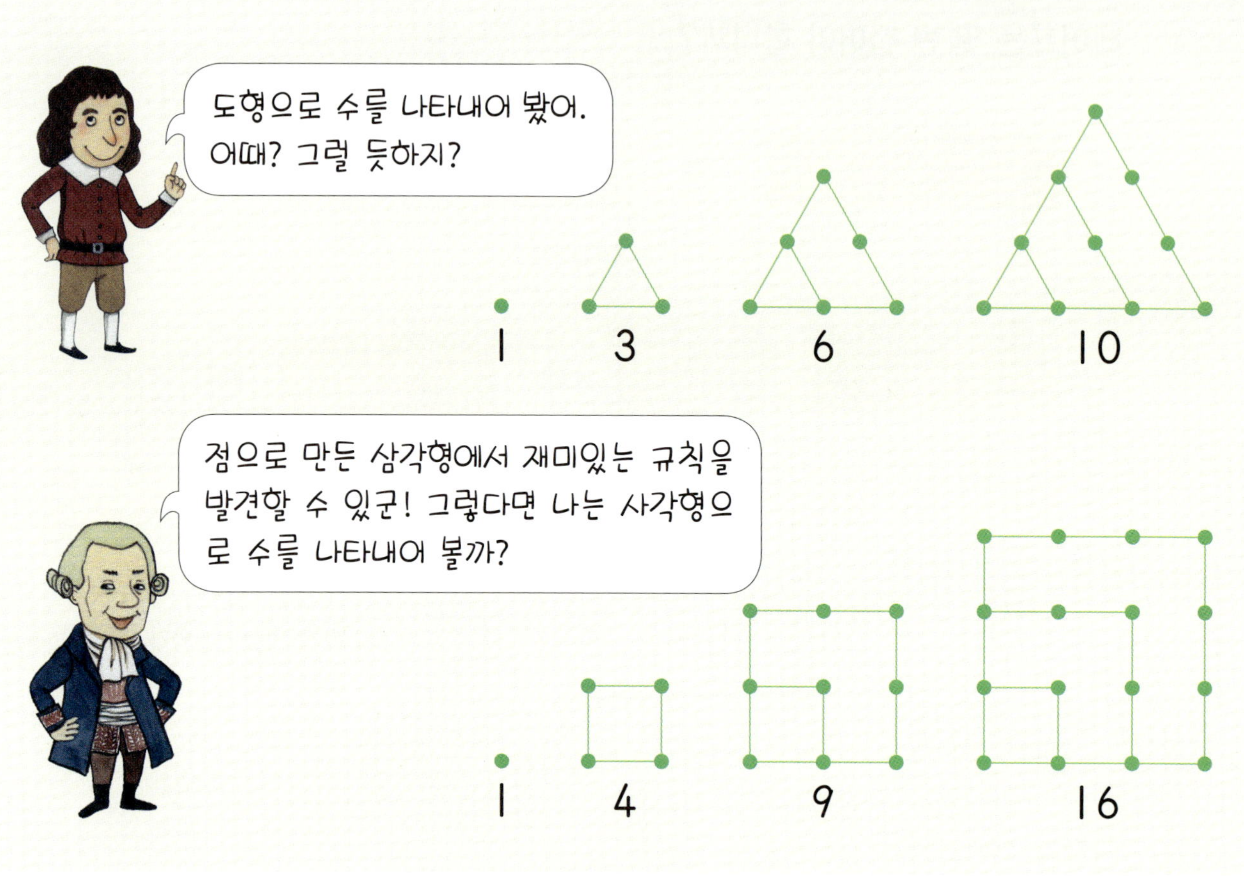

점으로 만든 삼각형과 사각형입니다. 규칙에 맞게 점을 한 번 더 늘릴 때의 모양을 그리고, 그 모양의 점의 수를 세어 보시오.

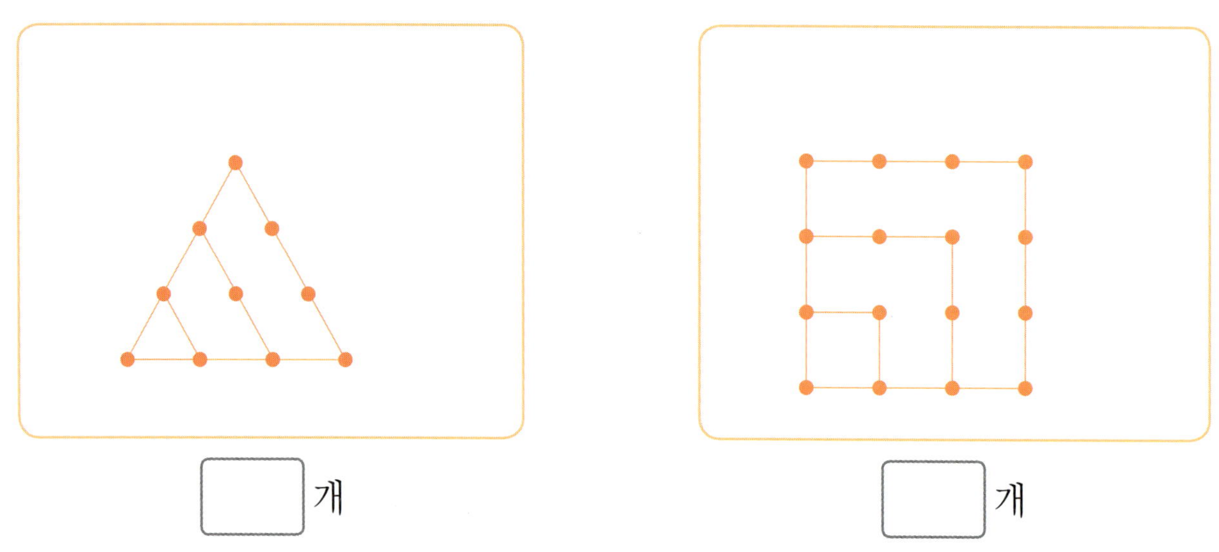

개

개

늘어나는 수의 규칙을 찾아 빈 곳에 알맞은 수를 쓰시오.

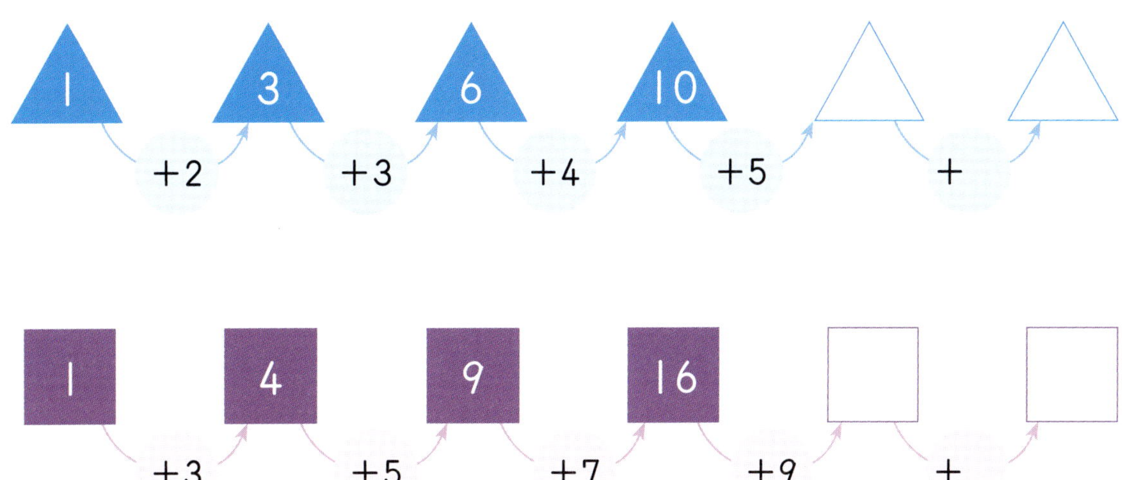

점점 커지는 삼각형, 사각형, 오각형 등의 모양을 만드는 점의 수를 도형수라 하고, 도형의 모양에 따라 삼각수, 사각수, 오각수 등으로 부릅니다.

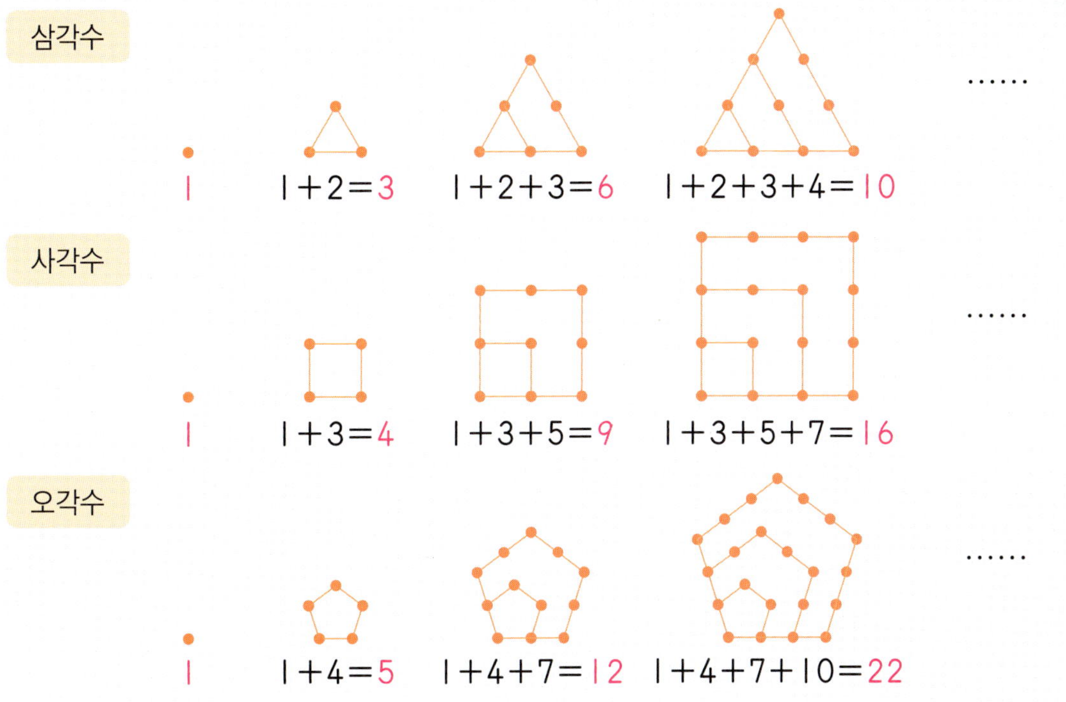

도형수의 활용

다음과 같이 파란색 점을 일정한 규칙으로 늘어놓았습니다. ? 에 들어가는 파란색 점의 수를 구해 봅시다.

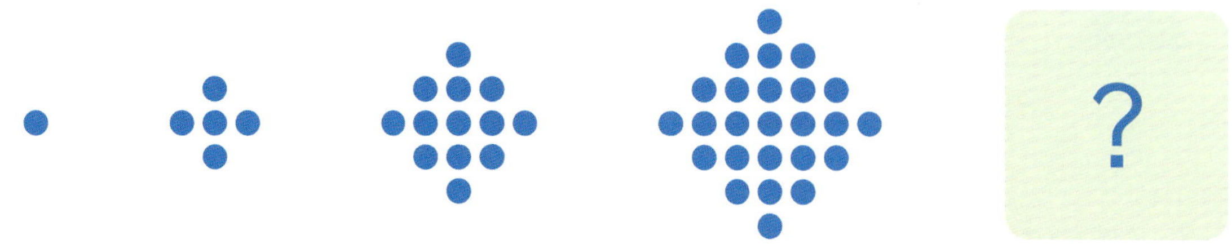

❶ 다음은 파란색 점의 일부를 빨간색 점으로 바꾸어 나타낸 것입니다. 점의 수는 어떤 도형수와 같습니까?

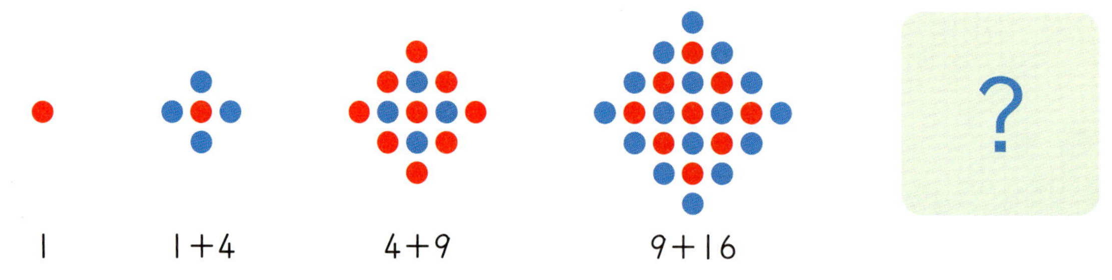

❷ ❶의 ? 에 들어갈 파란색 점과 빨간색 점의 수를 각각 구하시오.

파란색 점의 수: ☐ 개　　　빨간색 점의 수: ☐ 개

❸ 파란색 점만 늘어놓은 규칙에서 ? 에 들어가는 점은 모두 몇 개입니까?

1 다음과 같은 규칙으로 삼각형이 늘어나고 있습니다. 여덟 번째 모양에서 색칠한 삼각형은 색칠하지 않은 삼각형보다 몇 개 더 많은지 구하시오.

두 번째 모양에서 색칠한 삼각형은 3개, 색칠하지 않은 삼각형은 1개야.

2 다음 그림에서 규칙을 찾아 여섯 번째 모양에 있는 점의 수를 구하시오.

삼각형과 사각형을 이어 붙였더니 잘 모르겠지?

연속하는 수의 합

색칠한 칸의 수를 이용하여 1부터 20까지의 수의 합을 구해 봅시다.

❶ 규칙을 찾아 마지막 모양을 알맞게 색칠하고, 색칠한 칸의 수를 나타내는 두 가지 식을 완성하시오.

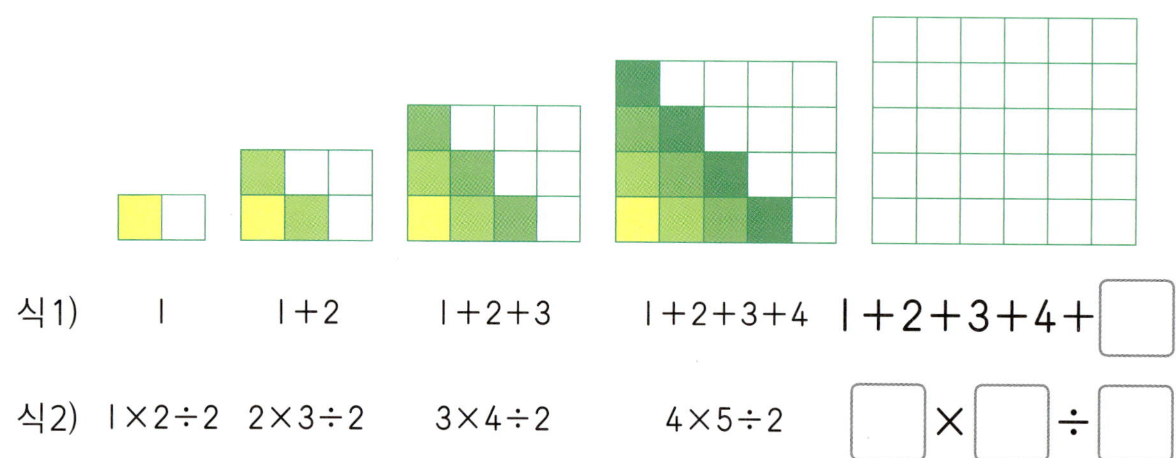

식1)　　1　　　　1+2　　　　1+2+3　　　　1+2+3+4　　1+2+3+4+◻

식2)　1×2÷2　2×3÷2　　3×4÷2　　　4×5÷2　　◻×◻÷◻

❷ ❶에서 찾은 규칙으로 1부터 20까지의 수의 합을 구하시오.

1+2+3+……+18+19+20 = ◻ × ◻ ÷ 2 = ◻

1 그림에서 늘어나는 칸의 수의 규칙을 찾아 다음을 계산하시오.

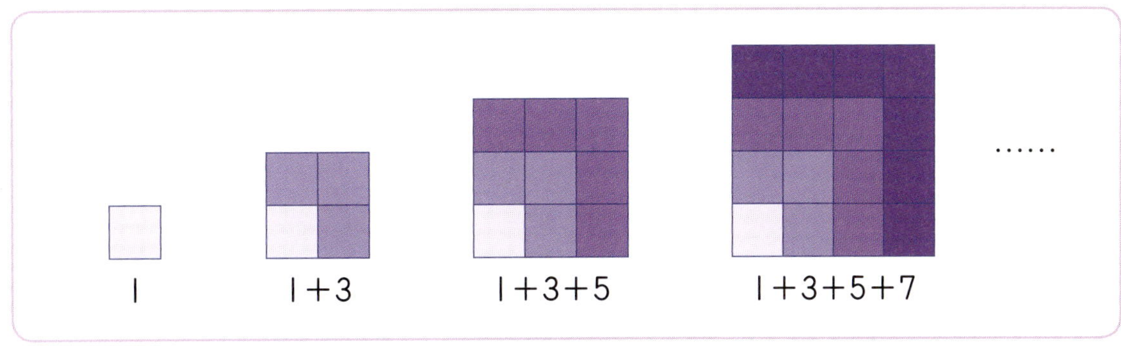

$$1+3+5+7+9+11+13+15 = \boxed{} \times \boxed{} = \boxed{}$$

2 다음 그림을 보고 1부터 50까지 짝수의 합을 구하시오.

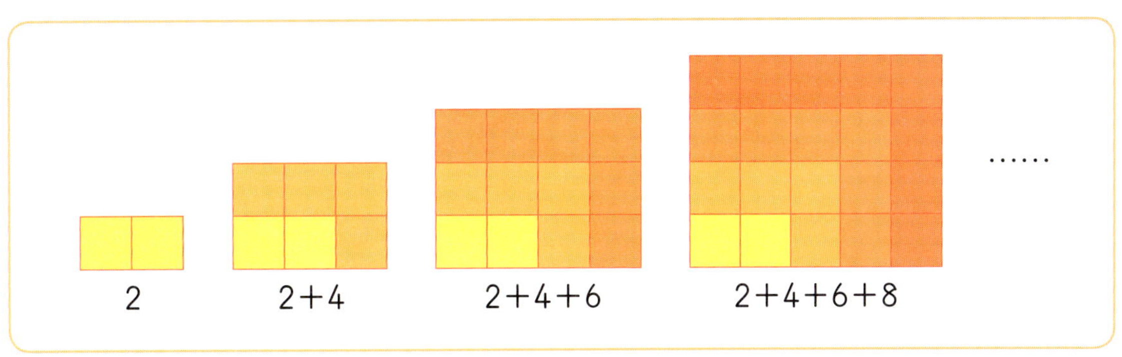

$$2+4+6+\cdots\cdots+46+48+50 = \boxed{} \times \boxed{} = \boxed{}$$

1부터 50까지 수 중에서 짝수는 몇 개일까?

1 다음과 같이 흰 바둑돌과 검은 바둑돌을 일정한 규칙에 따라 놓았습니다. 검은 바둑돌이 100개인 모양에서 흰 바둑돌은 몇 개인지 구하시오.

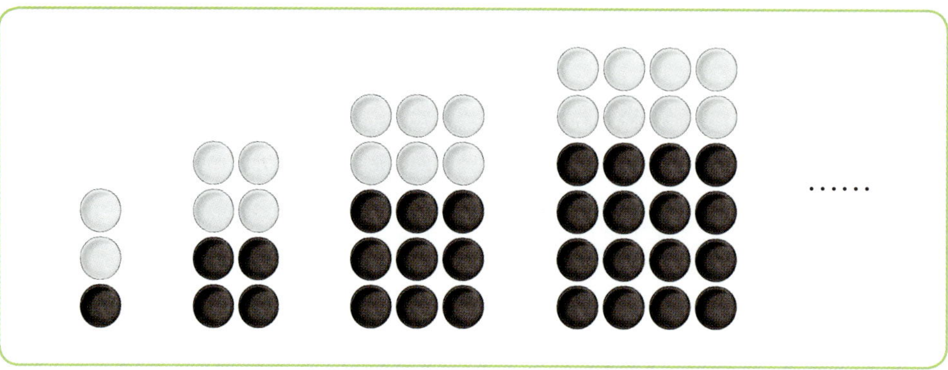

2 가위에 실을 감아서 한 번만 자르려고 합니다. 자른 실이 25도막이 되려면 실을 몇 번 감아야 합니까?

한 번 감았을 때

두 번 감았을 때

세 번 감았을 때

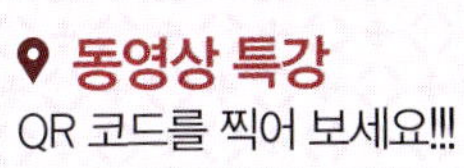

3 다음은 색종이를 가로 또는 세로로 접었다 펼친 것을 접은 선을 따라 모두 잘랐을 때, 4조각으로 나누어지는 3가지 방법입니다.

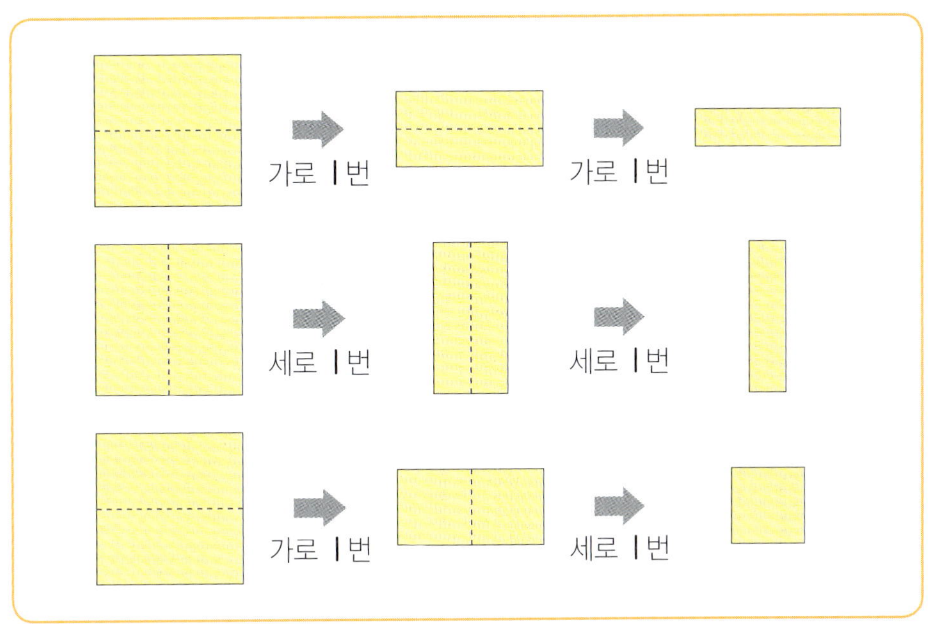

색종이가 8조각으로 나누어지도록 접는 방법은 모두 몇 가지입니까? (단, 순서와 관계없이 가로와 세로로 접는 횟수가 각각 같으면 1가지 방법으로 봅니다.)

4 다음을 각각 계산하시오.

1부터 99까지 홀수의 합

2부터 100까지 짝수의 합

4 약속

기호 약속

꼬마 요괴 나라에서는 이상한 연산 기호(※)를 사용합니다.

잠만자 요괴   딴짓 요괴   거꾸로 요괴

태경이와 아인이도 이상한 연산을 합니다.

장난 요괴   태경   멍하니 요괴   아인

태경이의 답은 모두 틀렸고, 아인이의 답은 모두 맞았습니다.
태경이의 답을 바르게 고쳐 보시오.

연산 기호 ※의 규칙을 ㉠, ㉡과 ＋, －, ×, ÷를 사용한 식으로 나타내시오.

㉠※㉡＝ ________________

기호 ▲를 '가▲나＝가＋나＋ㅣ'과 같이 계산하기로 약속하였습니다. ☐ 안에 알맞은 수를 써넣으시오.

$$3 \,▲\, 4 = \boxed{} \qquad\qquad 12 \,▲\, 8 = \boxed{}$$

기호 ◆는 규칙이 있는 연산 약속입니다. 연산 규칙에 맞게 12◆4를 계산하시오.

$$7◆5=2 \qquad\qquad 6◆9=3$$
$$13◆3=10 \qquad\qquad 25◆16=9$$
$$1◆2=1 \qquad\qquad 9◆9=0$$

노크 포인트

기호나 도형으로 수의 연산 방법을 약속하여 새로운 연산 규칙을 만들 수 있습니다.

$$㉠\,\&\,㉡=㉠\times㉡-㉠ \qquad\qquad 7\&5=7\times5-7=28$$

➡ &는 두 수를 곱한 다음 앞의 수를 뺍니다.

$$1\&15=1\times15-1=14$$

연산 약속 기호를 사용한 계산식을 통해 기호의 연산 약속을 알아낼 수 있습니다.

$$6★3=15 \qquad 1★2=4 \qquad 5★3=13$$
$$9★2=20 \qquad 4★4=12 \qquad 8★7=23$$

➡ ★는 앞의 수에 2를 곱한 다음 뒤의 수를 더합니다.

연산 기호 약속

다음은 어떤 연산 약속의 규칙을 나타낸 것입니다. 규칙을 찾아 가, 나에 알맞은 수를 구해 봅시다.

▲1 = 1

▲2 = 1+3 = □

▲3 = 1+3+5 = □

▲4 = 1+3+5+7 = □

▲5 = 1+3+5+7+9 = □

▲3 + ▲4 = ▲가

▲13 − ▲5 = ▲나

❶ 위의 □ 안에 알맞은 계산 결과를 써넣으시오.

❷ ▲3 , ▲4 , ▲5 를 똑같은 두 수의 곱셈식으로 나타내려고 합니다. □ 안에 알맞은 수를 써넣고, ▲13 을 계산하시오.

▲3 = 3 × 3   ▲4 = □ × □   ▲5 = □ × □

▲13 = □

❸ 가, 나에 알맞은 수를 구하시오.

▲3 + ▲4 = ▲가   ▲13 − ▲5 = ▲나

[연산 기호의 약속]

1 ㉠◇㉡을 ㉠에서 ㉡을 더 이상 뺄 수 없을 때까지 빼고 남은 수로 약속할 때, 계산 결과가 다른 하나의 기호를 쓰시오.

| ㉮ 45◇8 | ㉯ 68◇9 |
| ㉰ 40◇6 | ㉱ 40◇7 |

뺄 수 없을 때까지 빼고 남은 수는 나눗셈의 나머지와 같은 뜻이야.

[여러 번 계산하기]

2 기호의 약속을 보고 ☐ 안에 알맞은 수를 쓰시오.

약속

☰: 2배를 합니다.
▥: 반으로 나눕니다.
◨: 5를 더합니다.
▨: 5를 뺍니다.

48 ▥ → ◨ → ☰ = ☐

48 ☰ → ◨ → ▨ = ☐

104 ▥ → ▥ → ◨ = ☐

27 ◨ → ☰ → ▨ = ☐

비밀번호 규칙

초이네 집 가족들은 다음 규칙으로 계산한 결과를 현관문 비밀번호로 사용합니다.

$$2354 ♥ 3 = 5687 \qquad 3143 ♥ 5 = 8698$$
$$1794 ♥ 6 = 7350 \qquad 1831 ♥ 7 = 8508$$

초이네 집의 비밀번호를 알아봅시다.

❶ 다음을 보고 기호 ♥의 규칙을 찾아보시오.

$$2354 ♥ 3 = 5687$$
$$3143 ♥ 5 = 8698$$

❷ 다음은 더해서 10이 넘으면 일의 자리 숫자만 나타낸 것입니다.

$$1794 ♥ 6 = 7350 \qquad 1831 ♥ 7 = 8508$$

초이네 집의 비밀번호를 구하시오.

$$5799 ♥ 7 = \boxed{}$$

1 [규칙 찾아 계산하기]

다음은 연산 기호 ▽의 약속에 따라 계산한 것입니다. 계산 결과를 보고 규칙에 맞게 16▽15를 계산하시오.

4▽7=1	9▽8=10
9▽12=6	6▽1=11
10▽11=9	7▽10=4

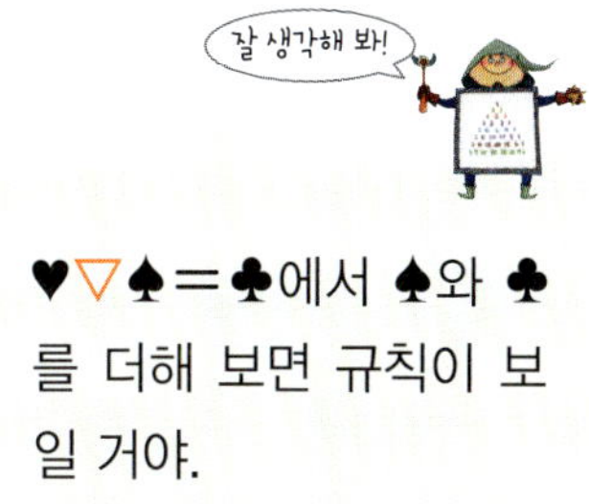

♥▽♠=♣에서 ♠와 ♣를 더해 보면 규칙이 보일 거야.

2 [두 가지 연산 기호]

연산 기호 😊와 😞의 약속에 따라 계산한 것입니다. 계산한 결과를 보고 규칙에 맞게 (6😊12)😞7을 계산하시오.

3😊8=15	3😞6=27
7😊9=6	2😞8=30
6😊1=15	5😞1=18
4😊4=0	8😞0=24

계산 결과가 모두 3으로 나누어떨어지는데…….

11 도형 약속

거꾸로 요괴가 지오, 아인, 태경이에게 책에서 오려낸 종이 **2**조각을 가져와 보여 주었습니다.

규칙을 찾아 오른쪽 표의 구멍 뚫린 곳에 들어갈 수를 쓰시오.

거꾸로 요괴가 자른 표는 무엇을 나타낸 표입니까?

오른쪽 표의 빈칸에 알맞은 수를 써넣으시오.

규칙을 찾아 빈 곳에 알맞은 수를 쓰시오.

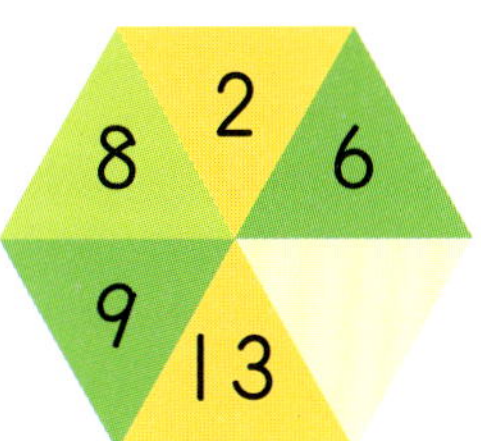 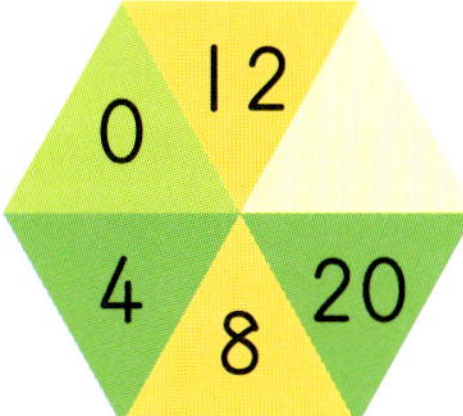 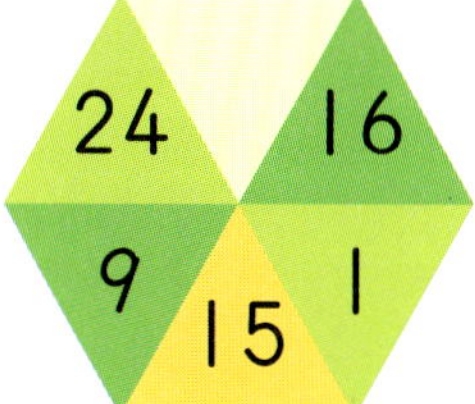

규칙에 맞게 도형 안에 수를 써넣은 것입니다. 마지막 도형의 빈 곳에 알맞은 수를 쓰시오.

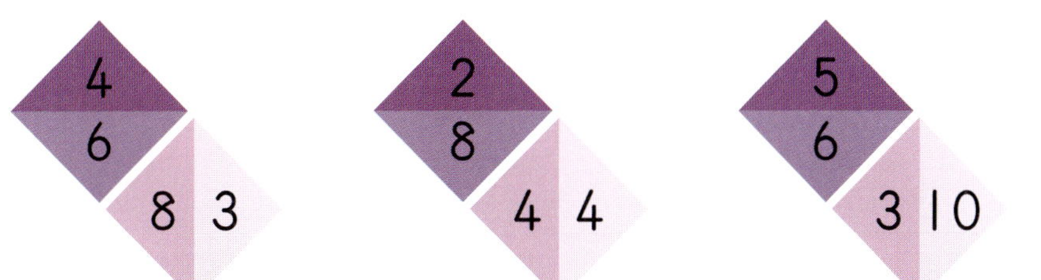

도형을 이용한 여러 가지 연산 약속을 만들 수 있습니다.

도형과 도형에 있는 수	약속(규칙)
5 21 4 5 46 9 7 50 7	사각형에는 양쪽 원의 두 수의 곱에 1을 더한 수가 들어갑니다.
(원 그림 1: 5 6 / 2 4 / 8 10 / 6 7) (원 그림 2: 7 0 / 2 4 / 11 13 / 15 8)	마주 보는 칸에 있는 두 수의 합이 각각 같습니다

 # 도형 위의 수

사각형과 원 위에 있는 수의 규칙을 알아봅시다.

❶ 규칙을 찾아 ☐ 안에 알맞은 수를 써넣으시오.

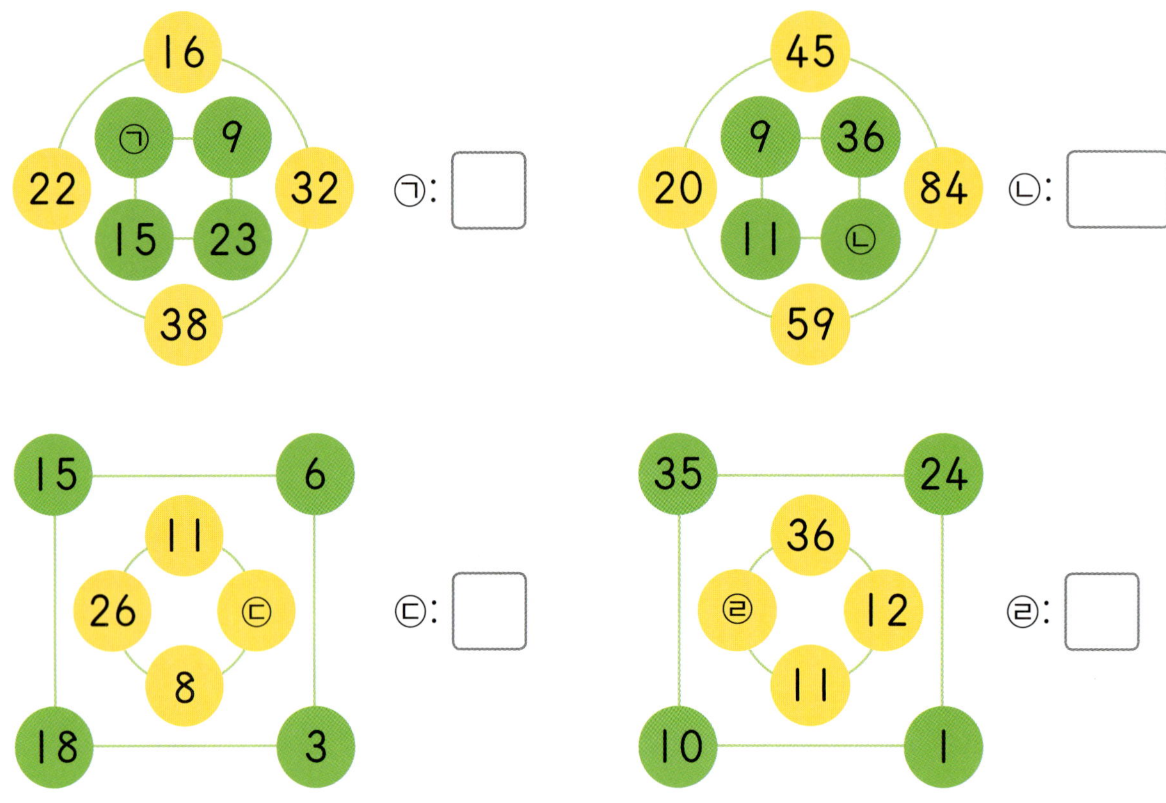

❷ 같은 규칙으로 빈 곳에 알맞은 수를 모두 써넣으시오.

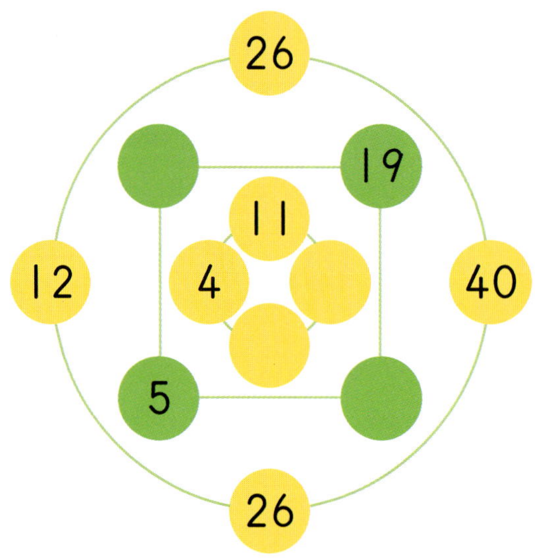

1 **규칙을 찾아 빈 곳에 알맞은 수를 써넣으시오.**

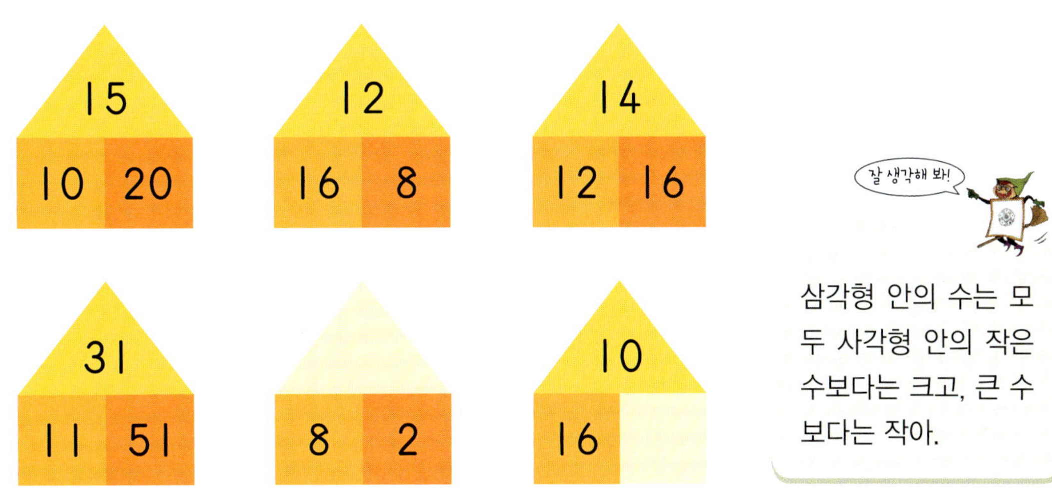

[이중 약속]

2 **규칙을 찾아 가와 나에 알맞은 수를 구하시오.**

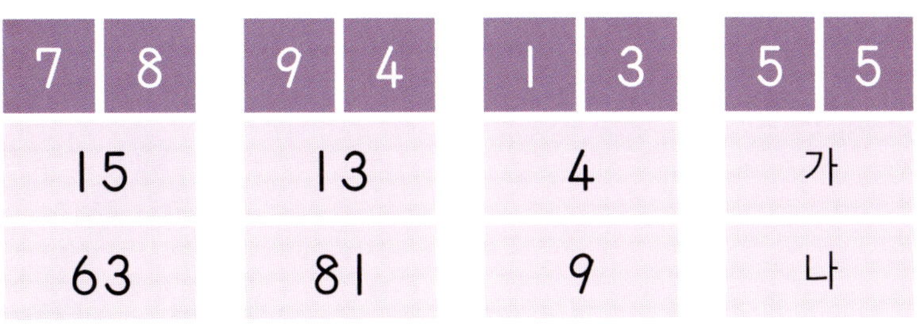

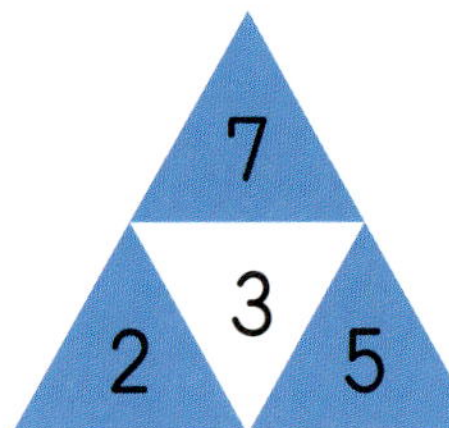 수 피라미드

다음 모양 안에 있는 수의 규칙을 찾아, 피라미드에 들어가는 수를 알아봅시다.

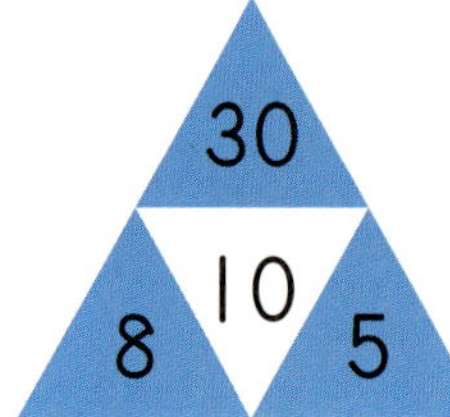
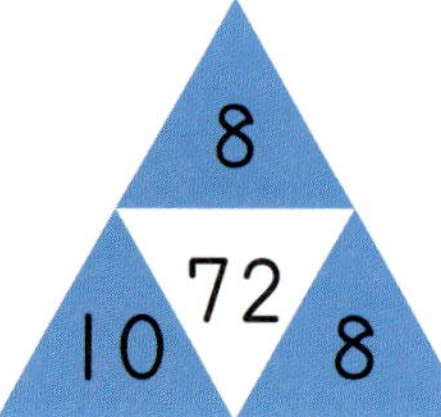
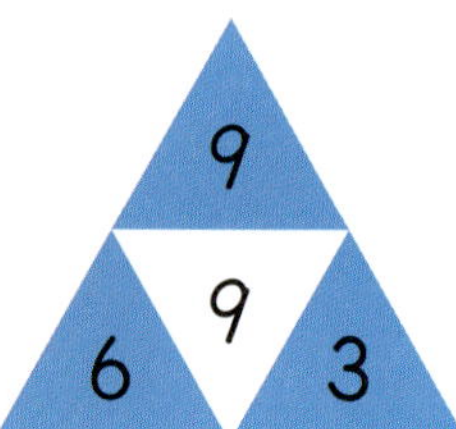

❶ 세 사람 중 피라미드 수의 규칙을 알아내는 사람은 누구일지 예상해 보시오.

❷ ☐ 안에 ㉠, ㉡, ㉢, ㉣에 알맞은 수를 각각 써넣으시오.

㉠: ☐   ㉡: ☐

㉢: ☐   ㉣: ☐

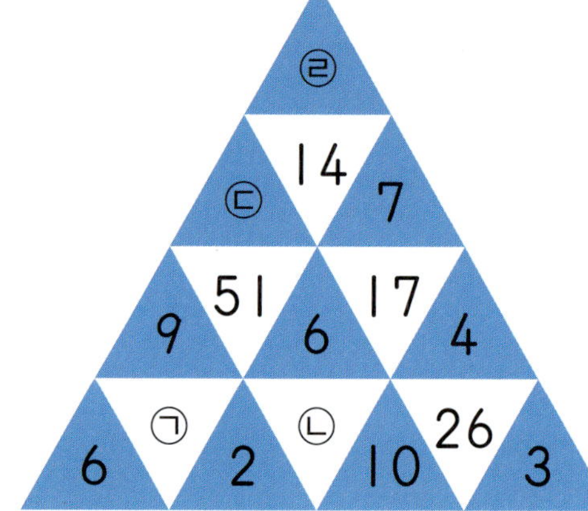

1 다음 중 수가 놓인 규칙이 다른 하나의 기호를 쓰시오.

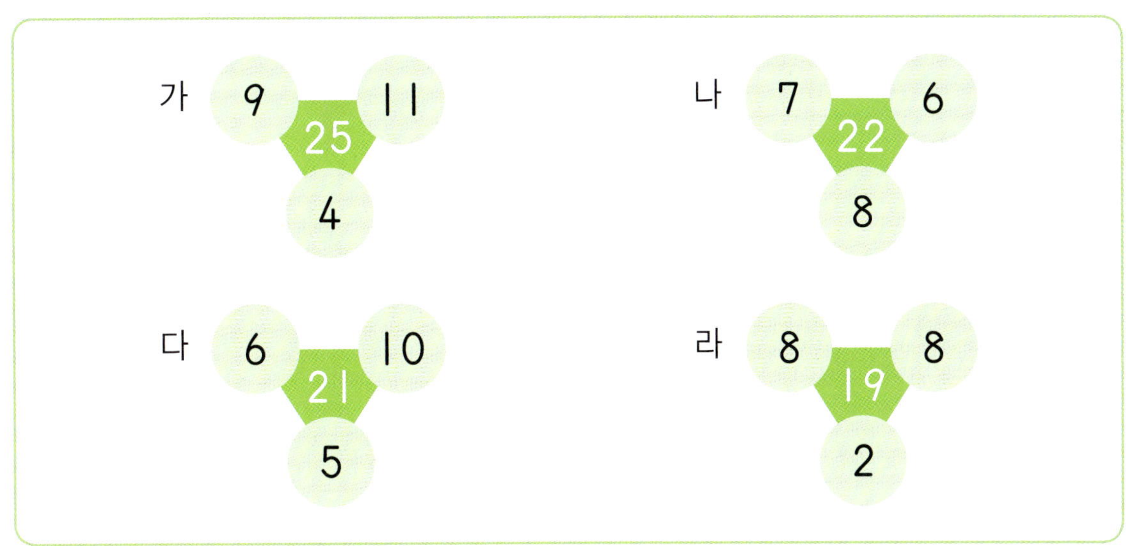

2 규칙을 찾아 마지막 도형의 빈 곳에 알맞은 수를 써넣으시오.

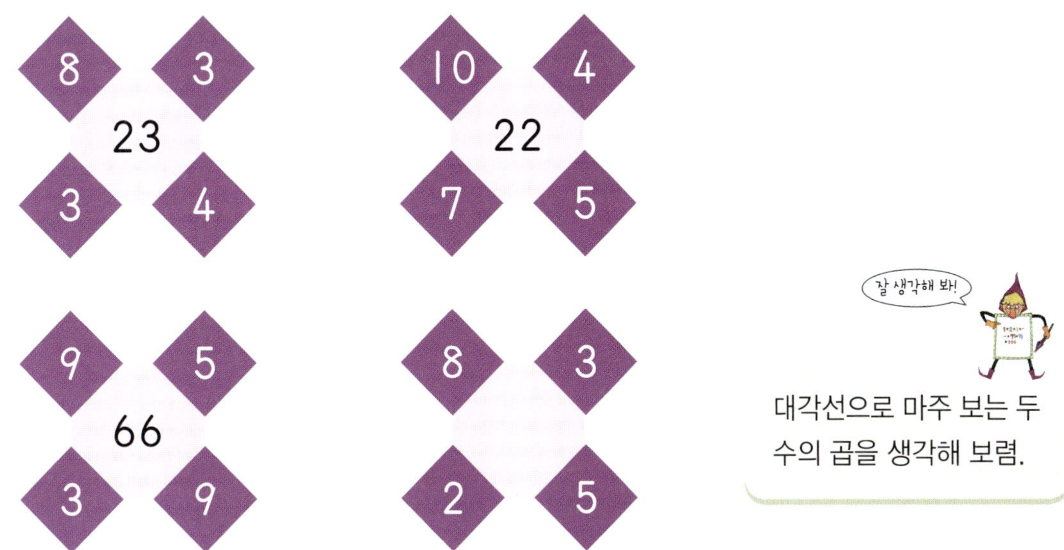

대각선으로 마주 보는 두 수의 곱을 생각해 보렴.

도형이 나타내는 수

꼬마 요괴들이 전구로 달을 나타내고 있습니다.

1월

2월

4월

8월

빨간색 불이 들어온 전구가 나타내는 수를 더하면 다른 달도 나타낼 수 있습니다.

3월

5월

6월

7월

다음 전구가 나타내는 날은 몇 월입니까?

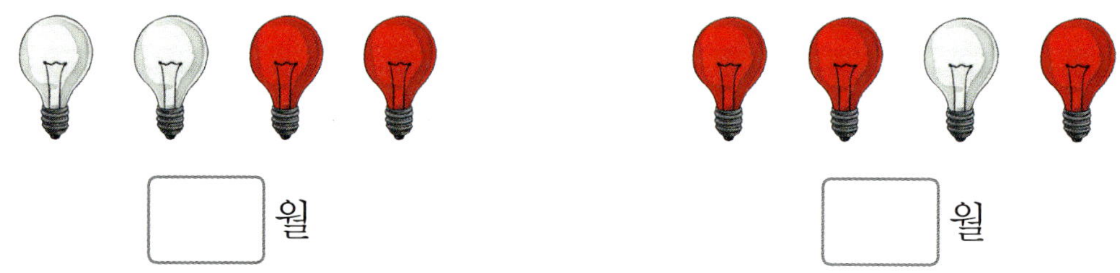

월

월

9월과 10월을 전구에 색칠하여 나타내시오.

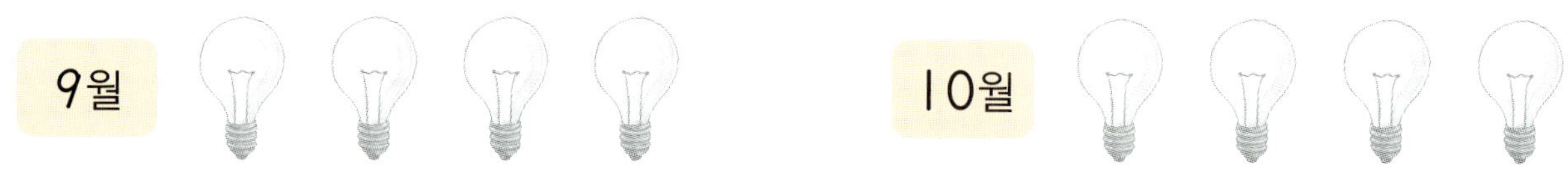

9월

10월

ㅣ부터 8까지의 수를 규칙을 정하여 나타낸 것입니다. 규칙을 찾아 ㅣ2와 ㅣ5를 알맞게 색칠하시오.

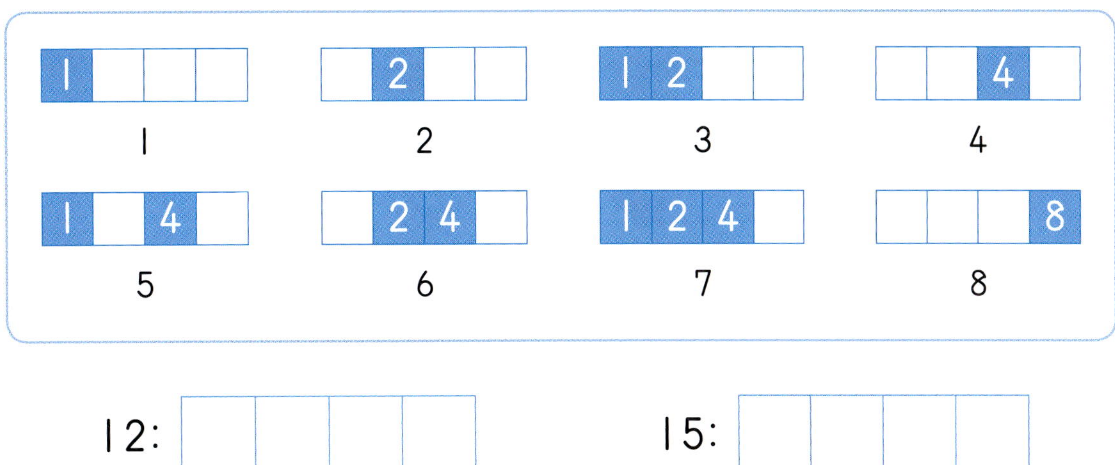

ㅣ2: 　　　　　　　　　　　ㅣ5:

도형이 나타내는 수의 규칙을 정할 수 있습니다.

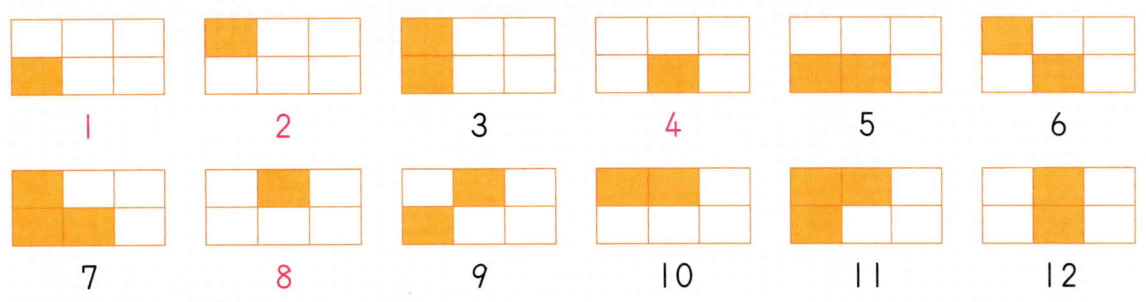

ㅣ, 2, 4, 8, ㅣ6, 32 ……의 순서로 한 칸씩 수를 나타낼 수 있습니다. 위의 도형에는 64를 나타낼 칸이 없으므로 ㅣ부터 63까지의 수만 나타낼 수 있습니다.

도형이 나타내는 수에서 각 칸이 나타내는 수를 찾아내면 다른 도형이 나타내는 수도 알아낼 수 있습니다.

각 칸이 나타내는 수

다음과 같이 바둑돌을 이용하여 수를 나타낼 수 있습니다. 물음에 답하시오.

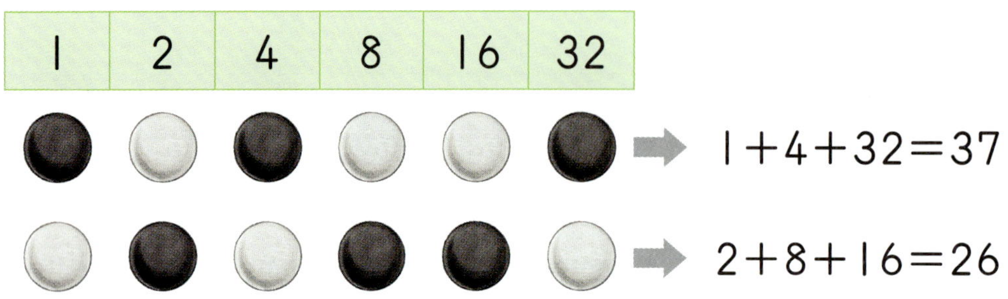

1 바둑돌로 나타낼 수 있는 가장 큰 수는 얼마입니까?

2 ☐ 안에 바둑돌을 놓은 모양이 나타내는 수를 쓰시오.

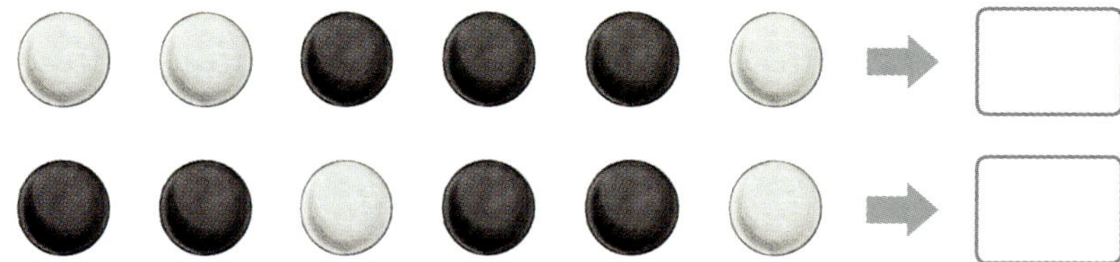

3 규칙에 맞게 수를 바둑돌로 나타내려고 합니다. 검은 바둑돌인 것에 색칠하시오.

1 다음은 규칙에 따라 수를 나타낸 것입니다. 마지막 모양이 54를 나타내도록 규칙에 맞게 ●를 그려 넣으시오.

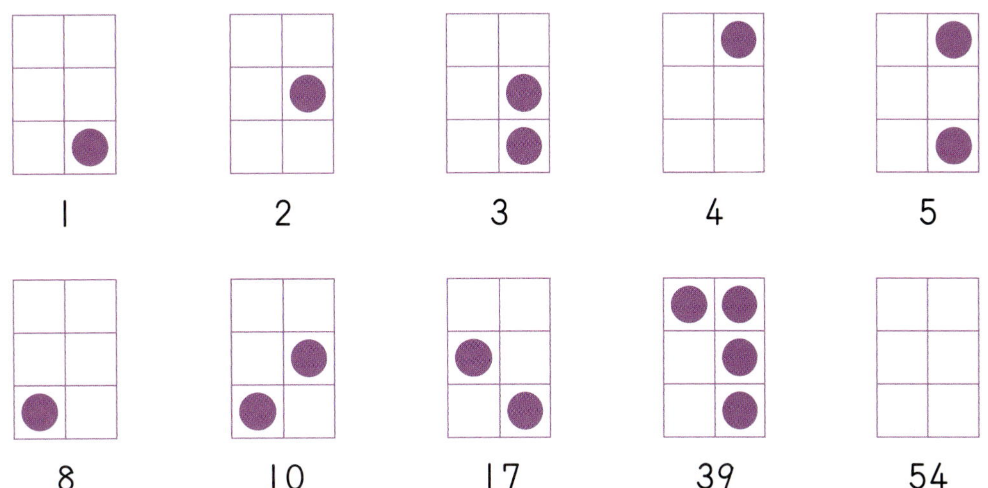

2 다음과 같은 규칙으로 수를 나타낼 때, 나타낼 수 있는 가장 큰 수를 구하시오.

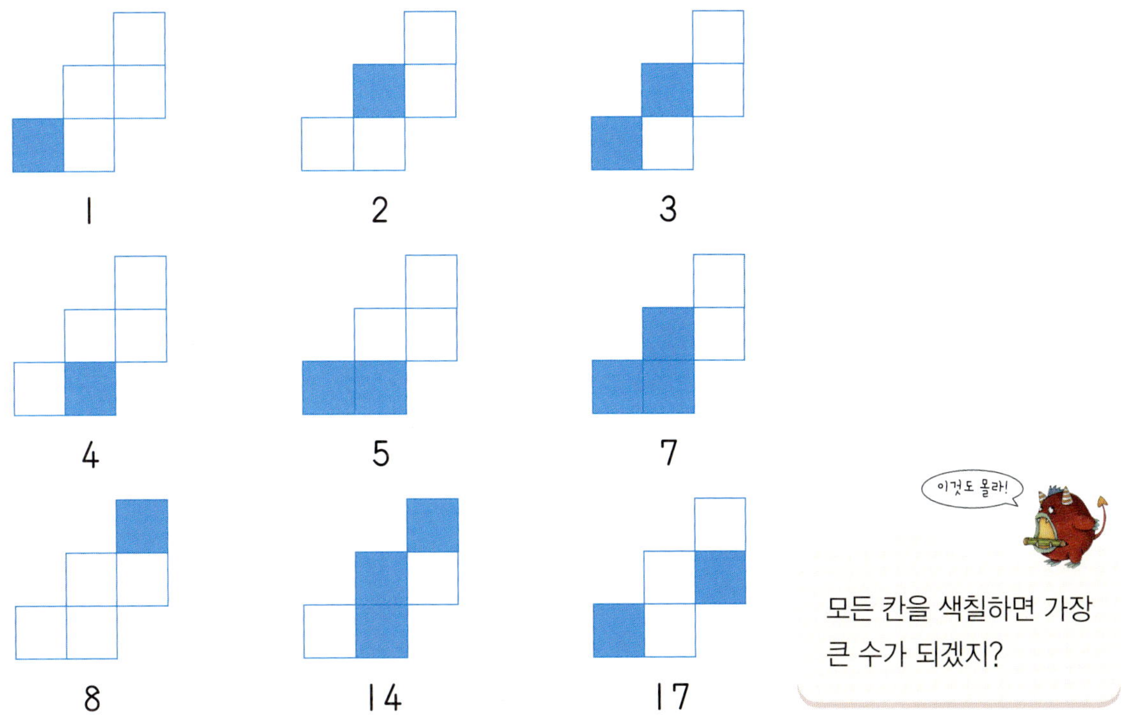

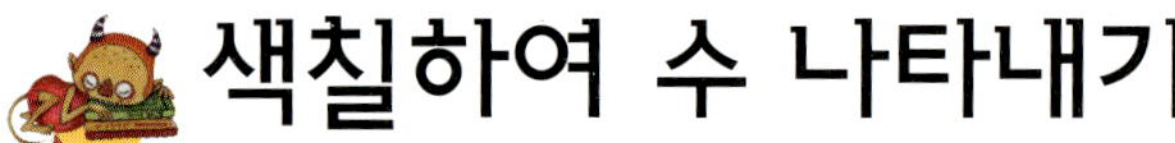# 색칠하여 수 나타내기

수를 다음과 같은 규칙으로 색칠하여 나타낼 때, 모양이 나타내는 수를 구하고, 수를 알맞게 색칠해 봅시다.

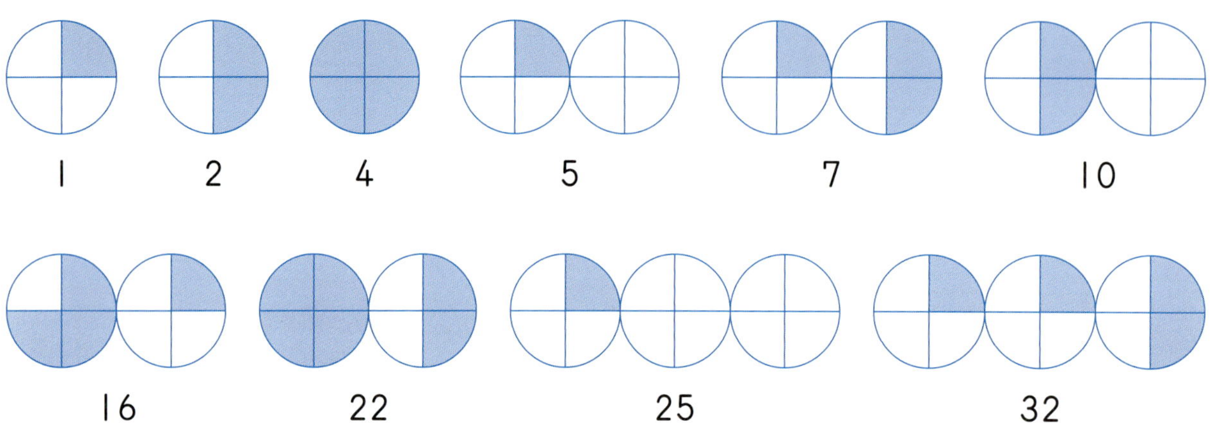

① □ 안에 다음 모양이 나타내는 수를 써넣으시오.

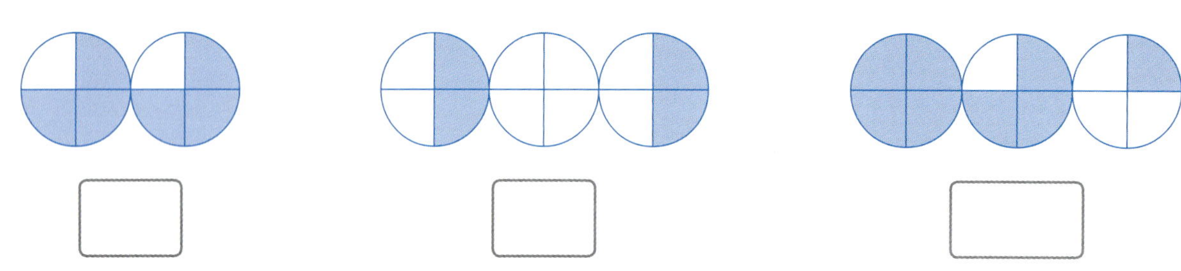

② ▨ 안의 수를 알맞게 색칠하여 나타내시오.

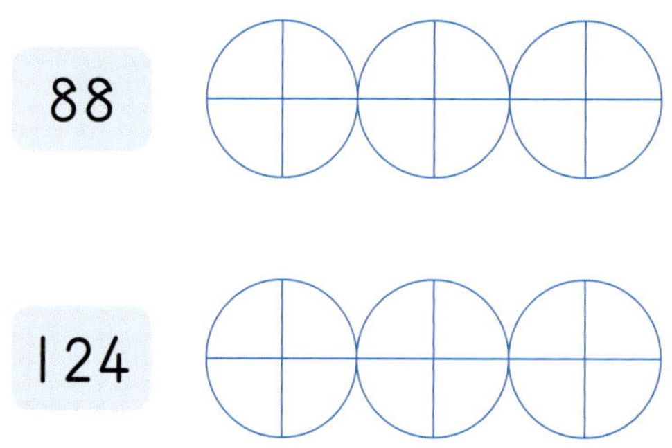

1 도형이 나타내는 수의 규칙을 찾아 47을 알맞게 나타내시오.

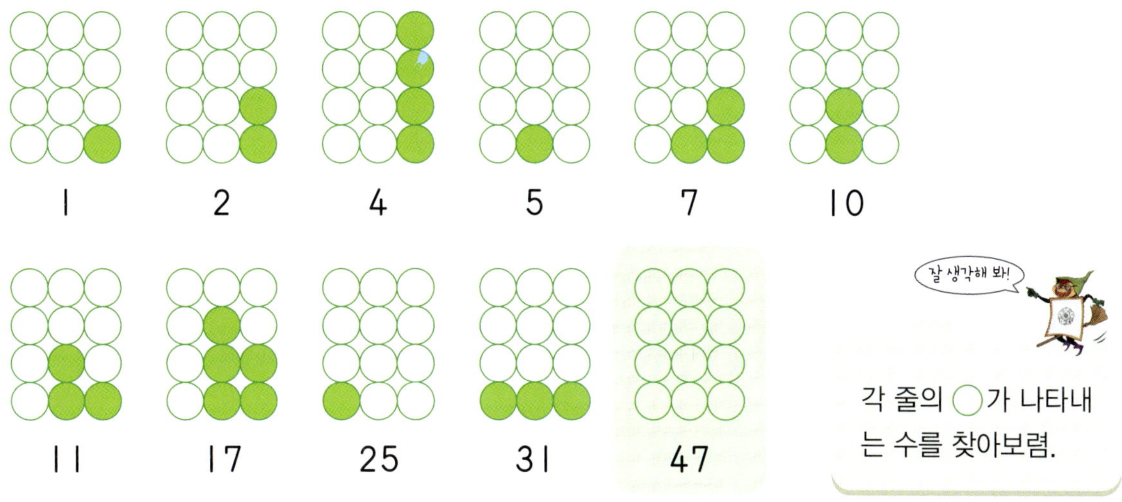

2 규칙을 보고 ▢ 안에 알맞은 수를 써넣으시오.

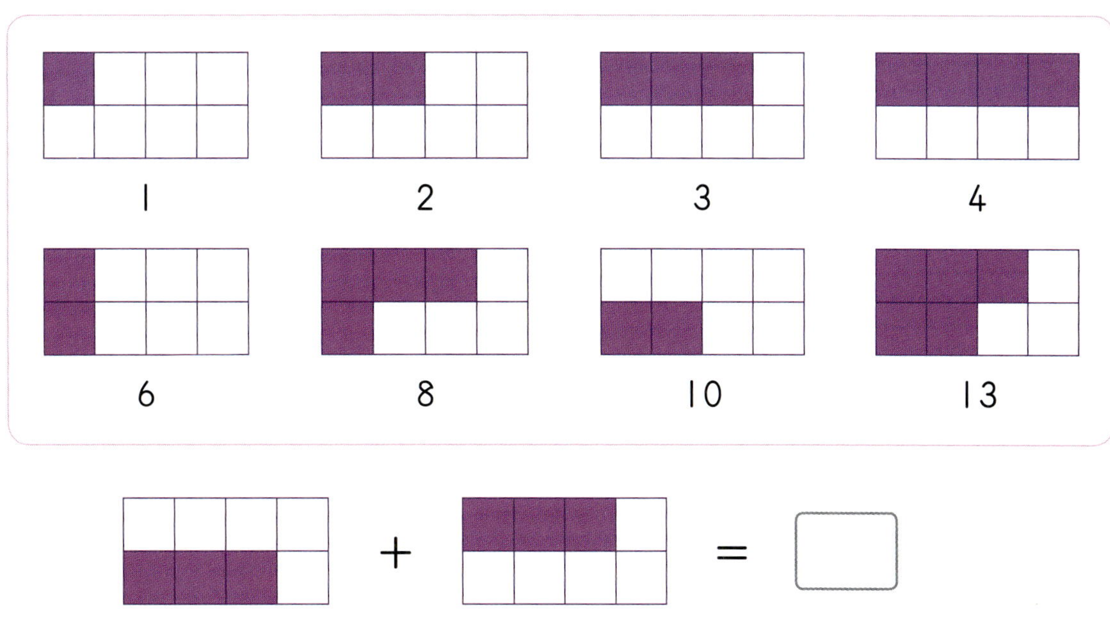

1 기호 ⊕의 규칙을 찾아 표의 빈칸에 알맞은 수를 써넣으시오.

⊕	3	7	4
6	9	21	12
8	12	28	16
12	18	42	

2 상자를 쌓아 놓고 규칙에 맞게 수를 써넣었습니다. 가, 나, 다, 라에 들어가는 수 중 가장 작은 수의 기호를 쓰시오.

3 규칙에 따라 네 수의 가운데에 수를 넣은 것입니다. 마지막 모양의 빈 곳에 알맞은 수를 써넣으시오.

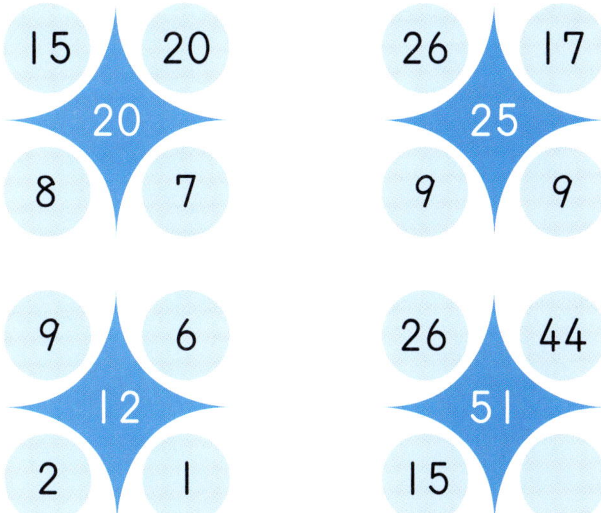

4 다음과 같은 규칙으로 수를 나타내었습니다. ☐ 안에 알맞은 수를 써넣으시오.

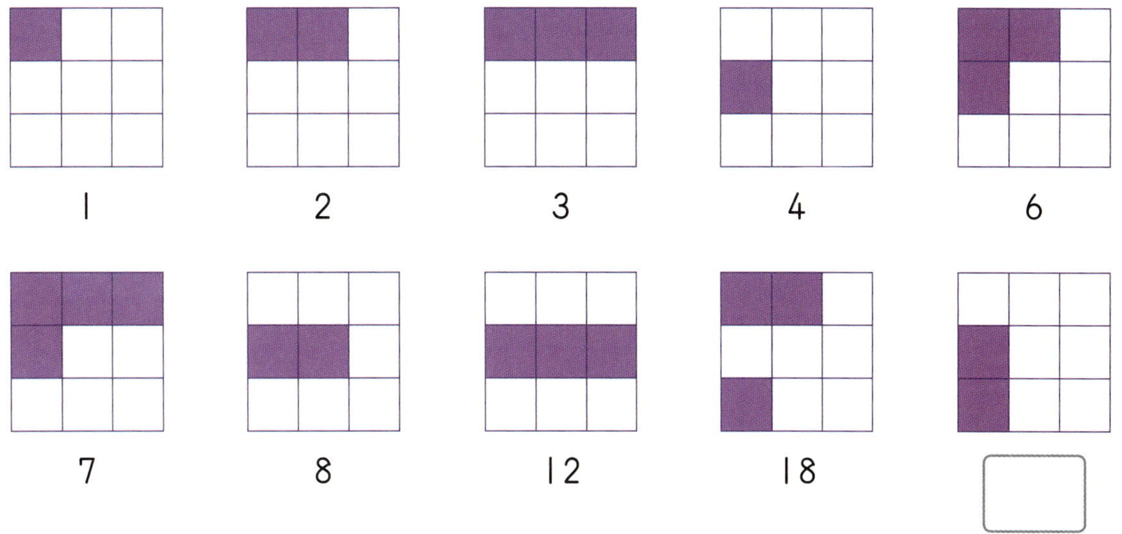

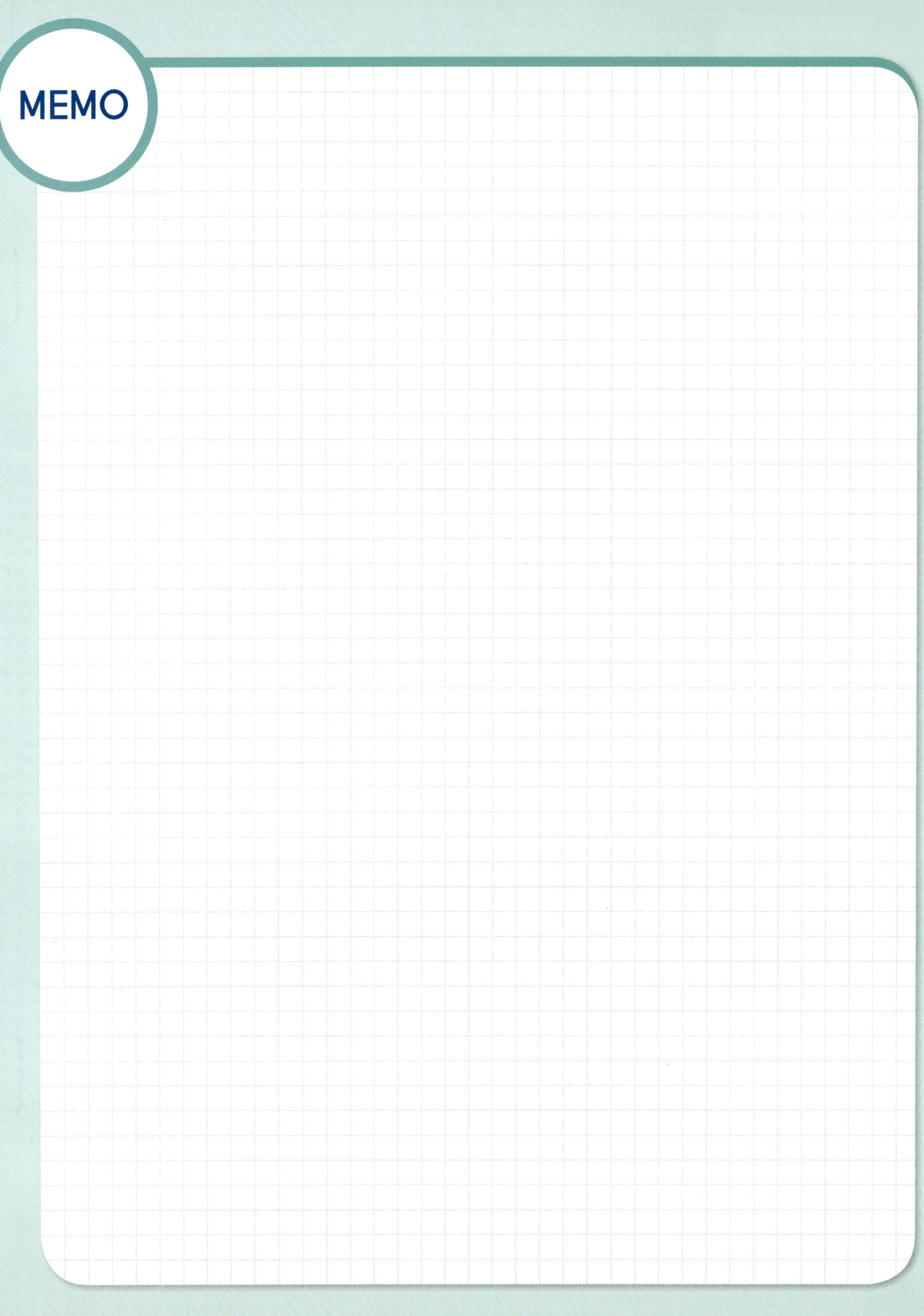
MEMO